ÁMATE COMO SI TU VIDA DEPENDIERA DE ELLO

ÁMATE COMO SI TU VIDA DEPENDIERA DE ELLO

KAMAL RAVIKANT

HarperCollins *Español*

La imagen de la página i es cortesía de Ficus777, Cactus Studio | Shutterstock.
La imagen de la página 230 es cortesía del autor.

Los libros de HarperCollins Español pueden ser adquiridos para propósitos
educativos, empresariales o promocionales. Para más información, envíe un
correo electrónico a SPsales@harpercollins.com.

Título original: *Love Yourself Like Your Life Depends on It*

Publicado por HarperOne 2020

PRIMERA EDICIÓN

Editor: Edward Benítez

Traducción: Carmen Márquez Cruz

Diseño de Yvonne Chan

Este libro ha sido debidamente catalogado en la Biblioteca del Congreso
    de los Estados Unidos.

ISBN 978-0-06-299230-7

20 21 22 23 24 LSC 10 9 8 7 6 5 4 3 2 1

A James, Kristine, Sajid, Sal, Sydney y Gideon.
Hicieron este libro realidad. Gracias.

¿POR QUÉ LEER ESTE LIBRO?

Casi no publico *Ámate como si tu vida dependiera de ello*. Aquí estaba yo, un CEO tras el fracaso de su compañía, escribiendo un libro sobre cómo el amor propio lo salvó. Pensé que sería un hazmerreír y que mi carrera profesional habría llegado a su fin, pero superé mis miedos y compartí mi verdad con el mundo. Lo que sucedió después cambió el curso de mi vida.

El libro se volvió viral. Personas increíbles lo compartieron en línea y en las redes. Escribieron reseñas sinceras. Compraron ejemplares para sus familiares y amigos. Este libro les salvó la vida a algunos. A otros les enseñó cómo amarse por primera vez.

Muchos lectores se acercaron y me explicaron cómo habían aplicado estas enseñanzas a sus vidas. Me hicieron preguntas. Todo ello me mostró que, a pesar del éxito del libro, no había hecho lo suficiente. Para que los efectos durasen, tenía que profundizar e ir más allá. Se lo debía a este libro; se lo debía a los lectores.

Entonces, siete años después de que lo publiqué por primera vez, aquí está. Todas las preguntas que recibí, resueltas. Mi intención es que cuando termines no sólo te

1

comprometas a amarte a ti mismo, sino que también sepas exactamente cómo hacerlo. Y lo más importante, cómo hacer que dure.

La primera parte, «La promesa», es la versión original, expandida, lo que desearía que alguien me dijera cuando había tocado fondo. Sin pelusa, sin tonterías. Sencillamente la práctica verdad. Puedes leerlo y transformar tu vida.

La segunda parte, «El manual», es nueva. Presenta el proceso que he perfeccionado a lo largo de los años para amarme a mí mismo. Luego te muestra cómo llevarlo al siguiente nivel. Todo aquí es fácil y efectivo. En pocas palabras, es una guía paso a paso sobre cómo amarte a ti mismo. Otra cosa que desearía que alguien me hubiera dado.

La tercera parte, «La lección», también es nueva: es un registro de un momento en que caí duro. Revela cómo apliqué todo lo que contiene este libro para sanar y luego levantarme. Verás mi viaje interno y externo, lo que hice bien y los errores que cometí. Como a menudo aprendemos mejor de las historias, experimentar mi transformación te ayudará a crear la tuya.

Separo mi vida en un antes y un después de jurar amarme. No se me ocurre una mejor manera de vivir. Por favor inténtalo. Porque funciona.

PRIMERA PARTE

LA PROMESA

EL COMIENZO

En diciembre de 2011, participé en Renaissance Weekend en Charleston, Carolina del Sur. No es lo que piensas: allí no hay caballeros ni bellas doncellas. Se trata de una conferencia a la que asistieron los CEO de Silicon Valley y Nueva York, arquetipos de Hollywood de Los Ángeles, políticos y su personal de Washington D.C. Es como las charlas TED, pero todos están asignados a participar en paneles o dar un discurso. En el formulario de ingreso se preguntó cuáles premios habíamos ganado y qué reconocimientos habíamos recibido, como por ejemplo, mencionaba el Premio Nobel. Increíble.

No tengo premios de los que hablar. O pedigrí. En mi tarjeta de presentación no aparecen los nombres «Goldman Sachs» ni «Morgan Stanley». Cuando el fundador del evento me presentó a la audiencia en una charla que di (el tema que se me asignó, «Si pudiera hacer cualquier cosa...»), dijo: «Kamal no puede quedarse quieto. Ya sea como soldado de infantería en el Ejército de los EE. UU., escalando el Himalaya o caminando por España en una peregrinación legendaria, siempre se está moviendo».

Me había investigado. No recuerdo el resto de las cosas que dijo, pero recuerdo que su última frase fue: «Estoy seguro de que tendrá algo interesante para compartir con nosotros».

Tenía exactamente dos minutos para ponerme frente a un podio y dirigirme a una audiencia de científicos, funcionarios del Pentágono, políticos y directores ejecutivos, todos mucho más calificados que yo para hablar sobre casi cualquier cosa. El orador que había presentado antes que yo había sido la persona más joven en graduarse del MIT. Con todos los honores, por supuesto.

Es interesante lo que pasa por tu mente en momentos como éstos. El tiempo se ralentiza, sí. Pero eso es casi un cliché. Sólo están el podio y el micrófono. Das un paso adelante. El público se vuelve borroso, como si se perdiera el foco. El reloj comienza a correr.

Y luego supe que hacer. Ofrecería algo que nadie más podría ofrecer. Mi verdad. Algo que aprendí puramente de mi experiencia, algo que me salvó. El público vuelve a entrar en foco. «Si pudiera hacer cualquier cosa», dije al micrófono, «compartiría el secreto de la vida con el mundo». Las risas se manifestaron en la audiencia. «Y lo descubrí hace unos meses».

Durante los siguientes dos minutos, hablé sobre el verano anterior, cuando había estado muy enfermo, prácticamente reposando en cama. La compañía que construí desde cero hacía cuatro años había fracasado, acababa de pasar por una ruptura amorosa y una amiga que amaba había muerto repentinamente.

«Decir que estaba deprimido», dije, «era como tener el lujo de decir que había tenido un buen día». Les conté sobre la noche en que me quedé despierto hasta tarde, navegando por Facebook, mirando fotos de mi amiga que había fallecido, y estaba llorando, miserable, echándola de menos. Les dije que me desperté a la mañana siguiente, que no quería seguir soportándolo; sobre la promesa que hice y cómo cambió todo. A los pocos días comencé a mejorar. Física, emocionalmente. Pero lo que me sorprendió fue que la vida mejoró por sí sola. En un mes, mi vida se había transformado. La única constante es la promesa que me hice y cómo la cumplí.

Después, y durante el resto de la conferencia, las personas se presentaron individualmente y me dijeron cuánto significaba para ellos lo que había compartido. Una mujer me dijo que sentada en la audiencia, escuchándome, se había dado cuenta de que ésa era la razón por la que había venido. Y lo único que había hecho era compartir una verdad que aprendí.

Un mes después, un amigo estaba pasando por un momento difícil, así que rápidamente escribí lo que había hecho ese verano y se lo envié. Lo ayudó mucho. Meses después, lo compartí en un correo electrónico con James Altucher, un querido amigo y mi bloguero favorito. Respondió, ofreciéndome presentarlo como una publicación de invitados en su blog.

Naturalmente, me negué.

A decir verdad, entré en pánico. Muchos de mis amigos leen su blog. Soy emprendedor en Silicon Valley; está bien escribir sobre *startups*. ¿Pero estas cosas? «Tienes que hacerlo», respondió James. «Éste es el único mensaje que vale la pena». Compartí mi miedo con él: ¿qué pensaría la gente? Su respuesta, algo que nunca olvidaré y que siempre agradeceré: «Hoy en día no escribo publicaciones a menos que me preocupe lo que la gente piense de mí».

Así que hice un trato con él. Había tomado notas sobre lo que había aprendido, la práctica, en qué cosas había tenido éxito y en cuáles había fracasado. Las juntaría todas en un libro y lo enviaría. Si le gustaba, podía publicarlo.

Y así es como terminamos aquí.

¿DE QUÉ SE TRATA?

De amarte a ti mismo. Lo mismo que tu madre te ha dicho, lo mismo que los libros de autoayuda repiten suficientes veces para que ya sea un cliché. Pero hay una diferencia. No es sólo un dicho. No es algo que se dice por decir para que luego sea olvidado. Es algo que aprendí de mí mismo, algo que creo que me salvó. Y, aún mejor, es la manera en que me dediqué a hacerlo. La mayor parte de lo que hice es tan sencillo que podría ser considerado una tontería. Pero en la sencillez yace la verdad. En la sencillez yace el poder.

Comenzando con el informe que envié a mi amigo, esta es una colección de pensamientos sobre lo que aprendí, lo que funcionó, y lo que no. Dónde tengo éxito y dónde fallo a diario.

Como a un amigo sabio le gusta recordarme: ésta es una práctica. No vas al gimnasio una vez y de repente estás en forma. Igual que aquí. La meditación es una práctica. Hacer ejercicio es una práctica. Amarte a ti mismo, quizás la más importante de todas, es una práctica.

La verdad es amarte con la misma intensidad que usarías para levantarte si estuvieras colgado de un acantilado por los dedos. Como si tu vida dependiera de ello. Una vez que te pones en marcha, no es difícil de hacer. Sólo requiere compromiso y compartiré cómo lo hice.

Ha sido transformador para mí. Sé que también será transformador para ti.

COMENZAR

Estaba en mal camino. Terriblemente deprimido. Había días en que me acostaba en la cama, las cortinas cerradas, la mañana afuera se convertía en noche y llegaba nuevamente la mañana, y simplemente no quería lidiar con nada. Lidiar con mis pensamientos. Lidiar con estar enfermo. Lidiar con el dolor de corazón. Lidiar con el fracaso de mi compañía. Lidiar... con... la vida.

Y he aquí, lo que me salvó.

Había alcanzado mi punto de ruptura. Lo recuerdo bien. No podía soportarlo más. Ya estaba harto. Harto de todo esto. Esta miseria, este dolor, esta angustia, este ser yo. Estaba enfermo de todo eso, harto.

Harto. Harto. Harto.

Y en esa desesperación, salí de la cama, me tambaleé hacia mi escritorio, abrí mi cuaderno y escribí:

En el día de hoy, me prometo amarme a mí mismo, tratarme a mí mismo como alguien que amo de verdad y profundamente: en mis pensamientos, mis acciones, las decisiones que tomo, las experiencias que tengo, cada momento que soy consciente, tomo la decisión, YO ME AMO.

No quedaba nada más que decir. Cuánto tiempo me llevó escribir esto, quizás menos de un minuto. Pero la intensidad se sentía como si estuviera tallando palabras en papel a través del escritorio. Estaba disgustado conmigo mismo, podría amar al prójimo, pero ¿qué hay de mí? De ahora en adelante, sólo me enfocaría en este pensamiento. Para mí.

Cómo amarme a mí mismo, no lo sabía. Todo lo que sabía era que había hecho una promesa, algo mucho más grande que un deseo o un querer, un deseo o un placer de tener. Una promesa. Tenía que apostarlo todo o destruirme en el intento. No había término medio.

En mi habitación, en la oscuridad, con una ciudad afuera que no tenía idea de la decisión tomada, me propuse amarme.

La forma en que lo hice fue lo más simple que se me ocurrió. Y lo que es más importante aún, algo que podría hacer sin importar lo mal que me sintiera. Comencé a decirme: «Me amo». Un pensamiento que repetiría una y otra vez. Primero, acostado en la cama durante horas, repitiendo: «Me amo, Me amo, Me amo, Me amo, Me amo...».

La mente divagaba, por supuesto, pero cada vez que me daba cuenta, repetía: «Me amo, Me amo, Me amo, Me amo»... y continuaba.

Primero en la cama, luego duchándome, luego cuando navegaba el internet, luego cuando hablaba con alguien, dentro de mi cabeza decía: «Me amo, Me amo, Me amo». Se convirtió en el ancla, mi única verdad.

Después, agregué todo lo que podía funcionar y, si lo hacía, lo guardaba. Si no, lo descartaba. Antes de darme cuenta, había creado una práctica sencilla que me llevó a amarme a un nivel completamente nuevo. Estaba dispuesto a todo. No había vuelta atrás.

Mejoré. Mi cuerpo comenzó a sanar más rápido. Comencé a pensar con claridad. Pero lo que nunca esperé o imaginé fue que mi vida mejorara. Pero no sólo mejoró, sucedieron cosas que estaban fantásticamente fuera de mi alcance, cosas que no podría haber soñado. Era como si la vida me dijera: «Finalmente, idiota. Déjame mostrarte que tomaste la decisión correcta».

La gente entró en mi vida, surgieron oportunidades, me encontré usando la palabra «magia» para describir lo que estaba sucediendo.

Y en todo momento, me repetía a mí mismo: «Me amo, Me amo, Me amo, Me amo». Seguí practicando.

En menos de un mes, estaba sano, estaba en forma otra vez, estaba feliz, estaba sonriendo. Entraban personas increíbles en mi vida, las situaciones se resolvían por sí solas. Y todo ese tiempo, ya fuera mientras estaba en mi computadora, o en una reunión, en mi cabeza me decía: «Me amo».

Para ser honesto, al principio no creía que me amaba. ¿Cuántos de nosotros lo hacemos? Pero no importó lo que creyera. Lo que importaba era hacerlo y lo hice de la manera más sencilla que pude: concentrándome en un pensamiento una y otra vez y otra vez hasta que estuvo más tiempo dentro de mi mente que fuera.

Imagina eso. Imagina la sensación de pillarte amándote a ti mismo sin intentarlo. Es como ver una puesta de sol con el rabillo del ojo. No podrás pasar de largo.

¿POR QUÉ EL AMOR?

¿Por qué no «me gusto a mí mismo»? ¿O «Me acepto a mí mismo»? ¿Por qué, por qué tiene que ser amor?

Mi teoría es la siguiente: si fuiste un bebé, has experimentado el amor. La mente lo sabe en un nivel fundamental, incluso primario. Entonces, a diferencia de la mayoría de las palabras, la palabra «amor» tiene la capacidad de deslizarse más allá del consciente y adentrarse en el subconsciente donde ocurre la magia.

¿Qué pasa si no crees que te amas a ti mismo? No importa. Tu función es establecer los caminos, ladrillo tras ladrillo, reforzar las conexiones entre las neuronas. La mente ya tiene un fuerte cableado para el amor. El cuerpo también lo sabe. Sabe que el amor nutre, que el amor es gentil, que el amor es aceptar. Sabe que el amor cura.

Tu trabajo no es hacer nada de esto. Tu trabajo es simplemente amarte a ti mismo. Sentirlo verdadera y profundamente. Una y otra vez. Conviértelo en tu único enfoque. La mente y el cuerpo responderán automáticamente. No tienen otra opción.

Aquí está la mejor parte, algo que me hace sonreír mientras lo escribo. Como te amas a ti mismo, la vida te ama a ti de vuelta. Tampoco creo que tenga otra opción. No puedo explicar cómo funciona, pero sé que es verdad.

Cuando te encuentres usando la palabra «mágica» para describir tu vida, sabrás de lo que estoy hablando.

LA PRÁCTICA

He intentado desglosar exactamente lo que hice y
funcionó. Y cómo se puede replicar. Se reduce a cuatro
cosas que te mostraré cómo hacer:

1. Circuito mental
2. Una meditación
3. Espejo
4. Una pregunta

Estas cuatro cosas me devuelven suavemente al amor propio.
Esa es la belleza de esta práctica. Es simple, práctica y los
resultados son mucho mayores de lo que puedas imaginar.

Después de todo, si te amaras verdadera y profundamente,
¿limitarías tu vida a lo que antes creías posible? No.

Hay un requisito. Un compromiso feroz de amarte a ti
mismo. Esto, me temo, no se puede omitir. ¿Qué pasa si
no crees que te amas o, diablos, incluso te agradas a ti
mismo? No importa. Si tienes que empezar desde cero,
está bien. El proceso se acomoda a la forma en que la
mente está diseñada para funcionar. La mente no tiene
más remedio que adaptarse y responder.

Sólo permanece abierto a la posibilidad de amarte a ti
mismo. El resto es fácil.

VENTANA

La oscuridad es la ausencia de luz. Si recuerdas esto, cambiará tu vida. Cambió la mía. Es en este concepto que se basa la práctica.

Cualquier pensamiento negativo es oscuridad. ¿Cómo la eliminas? ¿Luchas contra el miedo o la preocupación? ¿Empujas o ahogas la tristeza y el dolor? No es así como funciona.

En cambio, imagina que estás en una habitación oscura y afuera hay luz. Tu trabajo es ir a la ventana, sacar un trapo y comenzar a limpiar. Sólo limpiar. Y muy pronto, la luz entra naturalmente, quitando la oscuridad.

Es así de simple. Cada vez que la mente cambia a la oscuridad (miedo, preocupación, dolor, lo que sea), cuando te des cuenta, limpia la ventana. La luz fluirá hacia adentro.

I. CIRCUITO MENTAL

Me siento en mi escritorio. San Francisco brilla a través de las grandes ventanas del dormitorio. Parpadea un letrero de Coca-Cola, luego se reconstruye, una letra a la vez. Veo autos en la calle Market, las luces rojas traseras. La famosa torre sobre Twin Peaks es tragada por la noche, oculta por la niebla.

Si pudieras abrir mi cabeza en este momento y ver lo que ocurre adentro, te verías preguntando con un fuerte acento sureño: «¿Este chico no tiene imaginación?».

Sólo hay un pensamiento en mi cabeza: «Me amo. Me amo. Me amo».

Durante días, desde que hice la promesa, éste ha sido mi único enfoque. A veces como un susurro, a veces en silencio. Cuando me cepillo los dientes, murmurando. A toda voz en la ducha. Sin parar. Me amo, me amo, me amo a mí mismo.

No tengo nada que perder. Esto es todo lo que hay. «Me amo a mí mismo, me amo a mí mismo, no me importa nada más, me amo a mí mismo».

Una vez escuché a alguien explicar pensamientos como éste: nosotros, como seres humanos, pensamos que estamos pensando. No es verdad. La mayoría de las veces, estamos recordando. Estamos reviviendo recuerdos. Estamos ejecutando patrones y circuitos familiares en nuestra cabeza. Por felicidad, por dilación, por tristeza. Miedos, esperanzas, sueños, deseos. Tenemos circuitos para todo.

Seguimos reproduciendo los circuitos y, a su vez, desencadenan sentimientos. Es automático hasta el punto en que creemos que no tenemos otra opción. Pero eso está lejos de la verdad.

Imagina un circuito de pensamiento como éste: un camino establecido por el uso constante. Como un surco en roca creado por el agua. Suficiente tiempo, suficiente intensidad, y tienes un río.

Si alguna vez tuviste un pensamiento, no tiene poder sobre ti. Repítelo una y otra vez, especialmente con intensidad emocional, sintiéndolo, y con el tiempo, estás creando los surcos, el río mental. Entonces te controla.

Y es por eso que un circuito mental enfocado es la solución. Toma este pensamiento, «me amo». Agrega intensidad emocional porque profundiza el surco más rápido que cualquier otra cosa. Siente el pensamiento. Ejecútalo una y otra vez. Siéntelo. Ejecútalo. Ya sea que lo creas o no, no importa, sólo concéntrate en este pensamiento. Conviértelo en tu verdad.

El objetivo aquí es crear un surco más profundo que los ya establecidos a lo largo de los años, los que crean sentimientos desalentadores. También tomaron tiempo. Algunos los hemos tenido desde la infancia.

Es por eso por lo que esto requiere un compromiso enfocado. Por qué debe ser una práctica. Olvídate de demoler los surcos del pasado. Lo que estás creando es un nuevo surco tan profundo, tan poderoso, que tus pensamientos fluirán automáticamente por éste en lugar de otros.

Lleva tiempo, claro. Me llevó un mes pasar de la miseria a la magia. Pero notarás cambios, cambios en tus sentimientos, hermosos acontecimientos en tu vida. Cuenta con que aparecerán. Habrá más y más hasta que un día, caminarás afuera bajo el sol, sintiéndote bien, amando la vida que a su vez te amará a ti, y te detendrás y te darás cuenta de que ahora ese es tu estado natural.

¿Te imaginas una mejor manera de estar?

2. UNA MEDITACIÓN

Incluso si no haces nada más, haz esto. Marcará la diferencia.

Cada día medito durante siete minutos. ¿Por qué siete minutos? Porque pongo una pieza de música que me gusta, una que es calmante y tranquila, piano y flauta, una con la que asocio los buenos sentimientos y que dure siete minutos.

Me siento con la espalda contra la pared, me pongo los auriculares, escucho música e imagino galaxias, estrellas y el Universo de arriba, e imagino que toda la luz del espacio fluye hacia mi cabeza y baja hacia mi cuerpo, yendo a donde sea que necesite ir.

Respiro lentamente, naturalmente. Mientras inhalo, pienso: «Me amo». Luego exhalo y dejo escapar cualquier respuesta en mi mente y cuerpo, ya sea que haya una o no. Eso es. Sencillo.

Inhala: me amo.

Exhala: exhala lo que salga.

Inhala, exhala, inhala, exhala. Natural. La música fluye.

La mente vaga, esa es su naturaleza. Cada vez que lo hace, me doy cuenta de dónde estoy mientras respiro. Si inhalo, cambio a «Me amo». Si exhalo, paso a dejar salir lo que sea que esté en la mente y el cuerpo.

Ocasionalmente, cambio mi atención a la luz que fluye desde arriba. A veces, hago eso cada vez que inhalo. Antes de darme cuenta, los siete minutos han terminado y la meditación ha terminado.

Hay algo en esto, el pensamiento de la luz fluyendo hacia mi cabeza desde galaxias y estrellas. El concepto de la luz misma. Al igual que el amor, el subconsciente tiene una asociación positiva con la luz. Las plantas crecen hacia la luz. Como seres humanos, anhelamos la luz. Para nosotros, los amaneceres y las puestas de sol y la luna brillante son hermosos y relajantes.

Repito: no hay necesidad de crear conscientemente ninguna cura o pensamiento positivo. El subconsciente se encarga de ello. Todo lo que tengo que hacer es darle la imagen —en este caso, la luz—; darle el pensamiento —en este caso, amarme a mí mismo—. El subconsciente se encarga del resto.

Esta es una práctica intensa porque requiere enfoque. ¿Pero se siente intenso? No, en realidad, es bastante pacífica. Creo que esa es la intensidad emocional verdadera, una que crea paz, amor y crecimiento.

Instrucciones:

Paso 1: Pon música. Algo relajante, suave, preferiblemente instrumental. Una pieza que te haga sentir bien.

Paso 2: Siéntate con la espalda contra una pared o una ventana. Cruza las piernas o estíralas, lo que sea más cómodo.

Paso 3: Cierra los ojos. Sonríe despacio. Imagina un rayo de luz vertiéndose en tu cabeza desde arriba.

Paso 4: Respira, dite a ti mismo en tu mente, «Me amo». Despacio. Sé gentil contigo mismo.

Paso 5: Exhala y, junto con la exhalación, deja salir todo lo que surja. Cualquier pensamiento, emoción, sentimiento, recuerdo, miedo, esperanza, deseo. O nada. Exhala. Sin juicio, sin apego a nada. Sé amable contigo mismo.

Paso 6: Repite los pasos 4 y 5 hasta que la música termine.

(Cuando tu atención se desvía, obsérvala y sonríe. Sonríele como si fuera un niño haciendo lo que hace un niño. Y con esa sonrisa, regresa a tu respiración. Paso 4, paso 5. La mente divaga, nótalo, sonríe amablemente, regresa al paso 4, paso 5).

Paso 7: Cuando termine la música, abre los ojos lentamente. Sonríe. Hazlo de adentro hacia afuera. Éste es tu momento. Es puramente tuyo.

¿Por qué incluir música? Escucho la misma pieza cada vez, entonces ahora se ha convertido en un ancla y me lleva fácilmente a un estado meditativo. Es una muleta tal vez, pero una muleta agradable.

Haz esta meditación constantemente. Notarás la magia que ocurre.

3. ESPEJO

Éste, estoy un poco asustado de compartirlo. La gente pensará que he enloquecido. Pero es poderoso.

Paso 1: Configura un cronómetro para cinco minutos.

Paso 2: Ponte frente a un espejo, deja sólo unos centímetros de distancia con tu nariz. Relájate. Respira.

Paso 3: Mírate a los ojos. A veces ayuda centrarse en sólo uno. Si es así, prueba tu ojo izquierdo. Respira lentamente, naturalmente, hasta que desarrolles un ritmo.

Paso 4: Mirándote a los ojos, di: «Me amo a mí mismo». Si lo crees en ese momento o no, no es importante. Lo importante es que te lo digas a ti mismo, mirándote a los ojos, donde no hay escapatoria de la verdad. Y finalmente, la verdad es que se trata de amarte a ti mismo.

Paso 5: Repite suavemente «Me amo a mí mismo», deteniéndote ocasionalmente para mirarte a los ojos.

Cuando pasen los cinco minutos, sonríe. Acabas de comunicarte la verdad a ti mismo de una manera profunda y visceral. En cierto modo, la mente no puede escapar.

Si alguien alguna vez te miró a los ojos, sabiendo que los amabas, esto es lo que vieron. Date el mismo regalo.

4. UNA PREGUNTA

Es fácil decir «Me amo» mientras estoy encerrado en mi departamento, recuperándome de una enfermedad. Pero se vuelve difícil cuando estoy de regreso a la tierra de los vivos, y me toca interactuar con personas que tienen sus propios problemas y circuitos mentales.

De ahí surgió la pregunta. Cuando me tocó lidiar con otros y reaccionar a sus emociones negativas y a las mías propias, me hice esta pregunta:

«Si me amara verdadera y profundamente, ¿me permitiría experimentar esto?».

La respuesta, siempre, fue que no.

Funcionó muy bien. Como había estado trabajando en mi circuito mental, el paso después de «no» estaba claro. En lugar de resolver la emoción o tratar de no sentirla, simplemente volvería a la única cosa verdadera en mi cabeza: «Me amo, Me amo, Me amo».

Esta pregunta es engañosamente simple en su poder. Cambia tu enfoque desde donde sea que estés, ya sea ira, dolor o miedo, cualquier forma de oscuridad, a donde quieres estar. Y eso es amor. Tu mente y tu vida no tienen más remedio que seguir.

PENSAMIENTO

Si estamos hechos de átomos y moléculas, y ellos a su vez de partículas más pequeñas que son espacio vacío y energía, entonces, ¿qué somos?

¿Somos nuestros pensamientos?

¿Alguna vez se quedó tu mente en un circuito mental, repitiendo una vieja historia, una vieja herida, el mismo patrón? ¿Quién eres tú? ¿El pensamiento o el observador del pensamiento?

Si eres el observador, ¿cuál es el pensamiento?

¿O eres un pensamiento observando otro pensamiento?

Quizás sólo somos tormentas bioquímicas dentro de conexiones sinápticas en un cerebro que evolucionó durante millones de años. O tal vez hay un observador, un «yo» más profundo. De cualquier manera, no tenemos ninguna evidencia de estas teorías.

Acepto el hecho de que no lo sé a ciencia cierta. Me gusta pensar en ello, pero principalmente para recordarme que, en última instancia, todo es teoría. Me importa lo que funciona. Lo que crea magia en mi vida.

Pero esto es lo que sí sé: si permitimos que la mente vaya por sí misma, repite las mismas historias, los mismos circuitos. Sobre todo, los que no nos sirven. Entonces, lo que es práctico, lo que es transformador, es elegir conscientemente un pensamiento. Luego practícalo una y otra vez. Con emoción, con sentimiento, con aceptación.

Establece las vías sinápticas hasta que la mente comience a reproducirlas automáticamente. Haz esto con suficiente intensidad por un tiempo y la mente no tendrá otra opción. Así es como funciona. ¿De dónde crees que vinieron tus circuitos originales?

El objetivo, si hay uno, es practicar hasta que el pensamiento que elijas se convierta en el circuito principal. Hasta que se convierta en el filtro a través del cual ves la vida. Luego practica un poco más.

Parece difícil. Quizás. Pero la naturaleza de la mente es el pensamiento. Elige uno que te transforme, que haga que tu vida vibre. El que encontré, «Me amo», es el más poderoso que conozco. Quizás descubras otro. En cualquier caso, por favor hazlo.

Vale la pena.

MEMORIA

La memoria no está grabada sobre piedra. Cualquier neurocientífico te lo dirá. Cuanto más recuerdes algo, especialmente si está cargado de emociones, más reforzarás las vías que conectan las neuronas. En pocas palabras, cuanto más lo piensas, más lo sientes, más fuerte es el recuerdo.

Aquí está la parte interesante. No es sólo el acto de recordar lo que fortalece un recuerdo, otro factor lo forma e incluso lo cambia: el estado mental en el que te encuentras al recordar algo.

Las implicaciones de esto son transformadoras.

Toma una experiencia aleatoria, una relación que terminó hace años. Recuérdala conscientemente cuando te encuentres miserable. Verás que te concentrarás en las partes negativas, y ésas se harán más fuertes en la memoria.

Por el contrario, la misma experiencia exacta, pero tráela a la memoria cuando estés feliz. ¿Notas el cambio?

Sigue siendo la misma experiencia, sigue siendo tu mente. Pero el filtro es diferente. Y el filtro cambia el foco, lo que cambia sutilmente la memoria. Más importante aún, cambia la forma en que el recuerdo te hace sentir, el poder que tiene sobre ti.

Aquí hay una solución, una poderosa.

Si surge un recuerdo doloroso, no luches contra él ni trates de alejarlo: estás en arenas movedizas. La lucha refuerza el dolor. En cambio, ve y ama. Ámate a ti mismo. Siéntelo. Si tienes que fingir, bien. Con el tiempo se convertirá en realidad. Siente el amor por ti mismo mientras la memoria va y viene. Eso le quitará el poder.

Esto, sobre todo, cambiará el cableado de la memoria. Hazlo una y otra vez. Ama. Renueva el cableado. Ama. Renueva el cableado. Es tu mente. Puedes hacer lo que quieras.

INTERRUPTORES DE LUZ

Richard Bandler, cocreador de PNL, se dio a conocer al principio de su carrera como alguien que podía curar a los esquizofrénicos en cuestión de horas. Comenzó a ser llamado por los médicos y las familias de los pacientes para ir a instituciones mentales, para trabajar con los peores casos, a los que todos habían renunciado.

Una de sus historias favoritas es sobre un ejecutivo que comenzó a alucinar con serpientes. Nadie podía convencerlo de lo contrario. Fue internado, recibió tratamiento, no tuvo suerte. Así que fue atado a su cama, algo que no es muy alentador cuando crees que las serpientes se arrastran sobre ti, en el hospital psiquiátrico y lo calificaron como uno de los incurables.

Cuando Bandler lo conoció, estaba en mal estado. Intentando averiguar qué hacer, Bandler salió a caminar por la ciudad. Necesitaba devolver a este tipo a la realidad. Pasó por una tienda de mascotas y notó un barril lleno de serpientes de goma en la acera. Entró y le preguntó al hombre detrás del mostrador si podía alquilar el barril entero por unas horas.

—Están a la venta —dijo el hombre—. No alquilo todo el barril.

—Las necesito —dijo Bandler—. A todas. Pero sólo por unas pocas horas.

—¿Por qué?

—Voy a curar la esquizofrenia —dijo Bandler.

—Genial —dijo el hombre.

Bandler lo atribuye al hecho de que, dado que el dueño de la tienda no era médico, su mente estaba abierta a las curas que estaban fuera de la norma. Resulta que también tenía algunas serpientes bien entrenadas: dos cobras y una pitón gigante que amaba enroscarse alrededor de los humanos. Perfecto.

El dueño de la tienda y Bandler regresaron al hospital psiquiátrico con bolsas llenas de serpientes de goma y tres reales. Fueron a la ducha donde se bañaba el paciente y cubrieron el lugar con ellas. Las cobras vivas, las puso más cerca de donde estaría el paciente. La pitón, justo encima de donde colocaría la silla de ruedas. Después de que terminó, examinó su trabajo.

Le recordó a la escena de *En busca del arca perdida* donde Indiana Jones desciende a una cámara llena de serpientes que se retuercen. Lo suficiente como para asustar a cualquiera, y mucho más a una persona con fobia a las serpientes.

Ten en cuenta que Bandler una vez curó a un tipo que creía que era Jesús al traer a tres jugadores de fútbol americano musculosos vestidos como centuriones romanos y madera para una cruz de tamaño natural a su habitación del hospital. Luego, procedió a clavar la cruz, deteniéndose ocasionalmente para medir al tipo mientras los centuriones lo sujetaban. Cuando estuvieron listos para la crucifixión, el hombre estaba convencido de que no era Jesús. Incluso después de que el drama hubo pasado, se mantuvo sano.

El dueño de las serpientes y el médico se pararon detrás del vidrio de un solo sentido hacia la ducha. Bandler trajo al hombre adentro, bien atado en su silla de ruedas. En el momento en que el hombre vio las serpientes, comenzó a gritar: «¡Serpientes!».

Fue un sonido terrible, dice Bandler, desde las profundidades del hombre, que resonó por todo el hospital: «¡Seeerpienteeesss!». Pero colocó al hombre justo donde podía ver las cobras de frente y la pitón colgando arriba. Luego se fue y cerró la puerta detrás de él.

El hombre gritó y gritó. Bandler esperó. Finalmente, entró. El hombre lo vio, estaba a punto de gritar, pero Bandler lo interrumpió.

—Serpientes, serpientes, sí, lo sé —dijo Bandler—. Dime cuáles son reales y cuáles no, y te sacaré de aquí. De lo contrario, te dejaré aquí. —Luego se volvió para irse.

—Serpientes de goma —dijo el hombre señalando hacia el suelo con la cabeza—. Serpientes alucinadas. —Hizo un gesto alrededor. Luego, con la vista hacia la pitón que cuelga unos metros más arriba y se acerca—: ¡Serpiente real!

Esto tomó a Bandler por sorpresa. El hombre, cuando lo pusieron a prueba, no sólo era lo suficientemente lúcido como para distinguir lo real de lo alucinado, sino que incluso podía decir cuáles eran de goma, algo que Bandler tuvo dificultades para distinguir, dado lo realistas que eran.

Giró al hombre hacia él y le preguntó cómo podía distinguir lo alucinado versus lo real.

—Fácil —dijo el hombre—: las serpientes alucinadas son transparentes.

El hombre lo había sabido todo el tiempo. La realidad era sólida, las alucinaciones eran transparentes. Pero su miedo era tan intenso que había perdido el contacto con la realidad.

Bandler le enseñó al hombre a centrarse en la diferencia entre la realidad y las serpientes transparentes alucinadas y el hombre se curó. Todavía veía serpientes alucinadas ocasionalmente, pero sabía que no eran reales. El poder que tenían sobre él se había ido.

Combatir el miedo no funciona. Simplemente nos arrastra más cerca. Uno tiene que enfocarse en lo que es real. En la verdad. Cuando estés en la oscuridad, no luches. No puedes ganar. Simplemente encuentra el interruptor más cercano, encienda la luz.

James Altucher, en una de sus mejores publicaciones de blog, habla sobre cómo detiene los pensamientos negativos por completo con un simple truco mental. «No es útil», se dice a sí mismo. Es un interruptor, una especie de interruptor, que cambia el patrón del miedo.

En el último libro de la trilogía de *Los juegos del hambre*, uno de los personajes principales ha sido torturado por el Capitolio; sus recuerdos han sido alterados para que no pueda distinguir entre recuerdos reales e implantados. Sus amigos proponen un ejercicio sencillo. Le dicen recuerdos que saben que son verdaderos, luego preguntan: «¿real o no real?». Lentamente, él aprende a distinguir entre lo real y lo no real hasta que su mente se adapta y se da cuenta de que los recuerdos no reales tienen cierto brillo. Y ante la duda, vuelve a la práctica: real o no real.

El miedo, cuando se usa correctamente, es una herramienta útil. Nos sirve cuando estamos cerca de un infierno ardiente o de pie al borde de un acantilado. Pero fuera de esto, se burla de la mente. Hasta el punto en que es difícil distinguir la mente y nuestros pensamientos del miedo mismo.

Entonces, estas herramientas, como los interruptores de luz, existen. Cuando surja el miedo, recuerda que es una serpiente alucinada o que no es útil o que no es real. Los tres funcionan. Hay muchos más que podemos inventar nosotros mismos, si lo deseamos. Mientras funcione, es válido.

La clave es ésta: cuando estés en la oscuridad, ten en espera un interruptor de luz que hayas elegido. Por ejemplo, al escribir este libro, el miedo dice que estoy arriesgando lo que la gente piense de mí. No importa. Mi papel es reconocerlo por lo que es: serpiente alucinada, no útil, no real, y continuar.

ESTOY ENAMORADO

—Eres tan bonita —le digo.

Ella camina junto a mi amigo, Gabe, sosteniendo su mano. Su cabello oscuro recién cortado, en capas. Es una noche fresca de febrero en el Mission District de San Francisco. Nos dirigimos a los tacos.

—Estoy enamorada —dice ella.

Nos detenemos para cruzar la calle.

—Es verdad. —dice ella—, es por eso. Estoy enamorada.

Sigo pensando que es bonita, pero entiendo de qué está hablando. Ella brilla. Sonríe sin parar. Llena de vida.

Cuando llego a casa, antes de entrar, me detengo y me doy cuenta de algo. El amor no necesariamente tiene que ser para otro, ¿verdad? El amor es una emoción, el amor es un sentimiento, el amor es una forma de ser. Esa primavera en su esplendor, esa sonrisa, esa apertura, ¿por qué no puede surgir a causa de que nos amemos a nosotros mismos?

Me detengo a pensar. Por supuesto. Aquí estamos, pensando que uno debe estar enamorado de otro para brillar, sentirse libre y gritar desde los tejados, pero la persona más importante, la relación más importante que tendremos, está deseosa de ser amada de verdad y profundamente.

Y aquí está la parte interesante. Cuando nos amamos, brillamos sin duda, somos naturalmente hermosos. Y eso atrae a otros hacia nosotros. Antes de darnos cuenta, nos están amando y depende de nosotros elegir con quién compartir nuestro amor.

Qué hermosa ironía. Enamórate de ti mismo. Deja que tu amor se exprese y el mundo abrirá un camino hasta tu puerta para enamorarse de ti.

EL PERDÓN

Conduzco por la autopista 1, de arriba hacia abajo, buscando los árboles. A media milla al sur del faro en Pescadero, veo la cerca familiar que separa el prado de la carretera.

Me detengo y apago el auto. El motor hace clic lentamente hasta silenciarse. Luego tomo mi mochila, salto la cerca y camino hacia los árboles. La brisa ondula a través de la maleza mientras camino. En el extremo más alejado está el Pacífico abierto. El gran cielo azul de verano arriba.

Descubrí este prado cuando me mudé a California. Me subía a mi automóvil y conducía y conducía, asombrado por la belleza masiva del noroeste del Pacífico. No hay nada en el mundo como esto.

Hace años, traje una novia aquí. Cuando llegamos a los árboles, saqué un trozo de papel de mi cuaderno y le di un bolígrafo.

—Necesitas perdonarte a ti misma —le dije.

Ella todavía llevaba la culpa de su divorcio. Era hora de que ella lo dejara ir.

—Escribe lo que tengas en tu contra —le dije—. Todo. Entonces perdónate a ti misma. Escribe eso también. Cuando hayas terminado, le daremos este documento al océano. Te liberará.

Estuvo callada por un largo rato. Creo que estuvo llorando un poco.

—También tienes que perdonarte a ti mismo —dijo—. Por no ir a la escuela de Medicina.

Hay una cosa sorprendente sobre las mujeres: su sabiduría. Ella tenía razón. Había elegido emprendimientos en lugar de una carrera en medicina y no importaba la historia que me contara, era una elección egoísta. Había escogido el dinero por encima de hacer algo que me importaba. Era una decisión con la que no había hecho las paces.

Así que ambos trabajamos en nuestras cartas, luego caminamos hasta las olas, enrollamos los papeles y los arrojamos al océano. Y sabes qué: funcionó. Algo se liberó dentro y nunca miré hacia atrás. Los remordimientos por renunciar a la escuela de Medicina desaparecieron. Por ellos mismos. Con este ejercicio tan simple.

Aquí estoy en el bosque, una vez más, esta vez solo. Sólo quedan dos árboles azotados por el viento. El tercero yace sobre la hierba, el largo tronco carbonizado. Lo impactó un rayo tal vez. Un tronco más corto se encuentra a pocos pies de distancia, blanqueado por el viento y la lluvia.

Lo subo y contemplo el océano. Temprano en la noche. El sol está alto y es grande. El agua debajo, hasta el horizonte, brilla con un camino de oro.

Saco mi cuaderno de mi mochila, arranco un trozo de papel y escribo. Pongo la fecha. Lo que tengo en mi contra. Por hacerlo todo mal cuando pude haber hecho las cosas bien. Por cerrar mi corazón. Por lastimar más de lo necesario. Por los errores. Todo.

Termino y escribo que me perdono. Por todo. Y en ese momento de perdón, escribo que estoy limpio y puro. Porque sé que lo estoy.

Ese es el primer paso. Quedan dos más. La vida me ha enseñado esto en el tiempo entre el momento en que descubrí este bosque y hoy.

Camino a la playa, me siento en una roca y veo las olas. Se estrellan y arrugan sobre la orilla de guijarros. Levanto la carta al cielo y la leo en voz alta. Todo lo que tengo en mi contra. Todo el perdón.

Repito esto hasta que ya no sea necesario. Luego alcanzo detrás de mí y agarro una piedra grande. Cuando la veo, me río. Tiene forma de corazón. Ah, vida, tienes sentido del humor.

Doblo el papel con fuerza alrededor del corazón de piedra, miro las olas otra vez. Este es un momento sagrado. De entregar todo lo que tenía en mi contra a algo más grande. Para que haga lo que pueda. Para que me lo quite y pueda descargarme. Entonces puedo vivir la vida que debo vivir. Después de todo, son las cosas que tenemos contra nosotros mismos las que nos pesan más que nada.

Cuando el momento se siente bien, tiro la roca en un arco al agua. Salpica en un golpe rápido, luego se va. Las olas se apresuran a su alrededor. Así de fácil. Miro por un momento, preguntándome si el agua me lo devolverá. No lo hace.

Vuelvo a la arboleda, me siento de nuevo en el tronco y saco el cuaderno. Esta vez, me escribo una carta diferente. Corta y directo al grano:

> *Querido Kamal*
> *Prometo amarte total, completa y profundamente*
> *en todos los sentidos, en todos los pensamientos,*
> *en todas las acciones, en todos mis deseos y mi ser.*
> *Prometo amarte, Kamal.*

Firmo y escribo la fecha.

Dejo la libreta y contemplo el sol. Se ha movido hasta la mitad del cielo. El viento brilla a través de la hierba alta y marrón. Se está poniendo frío. Me pongo la chaqueta y lo asimilo todo.

Luego, de vuelta a mi cuaderno, y leo en voz alta. Mi promesa para mí mismo. Desde un lugar limpio y puro. Este es mi punto de partida. Se siente hermoso. Se siente bien... se siente correcto.

Así es como sabes cuándo lo entendiste. Cuando se siente bien. Nadie puede enseñarte esto, sólo tienes que hacerlo. Y cuanto más haces, más desarrollas una confianza en este sentimiento, cuanto más lo escuchas, más lo vives. Y esto transforma tu vida.

ELECCIÓN

Si hay una cosa en la vida en la que sobresalía, era en ser mi propia piedra de tropiezo. Si alguna vez celebraran una olimpiada por eso, juro que traería a casa el oro. Era como si, tan pronto como las cosas iban bien, encontrara la manera de crear el mayor obstáculo que pudiera encontrar y me cayera de cara al piso.

El patrón sirvió para ayudarme a mantenerme infeliz, para definitivamente no tener pensamientos amorosos sobre mí mismo. Cada vez, me decía a mí mismo que había aprendido mi lección. Me levantaba, me quitaba el polvo, comenzaba a correr, ganaba velocidad, la vida iba bien, demasiado bien, así que, por supuesto, los viejos patrones se volvían seductores y, bueno: tocaba la recaída.

Sé que me entiendes...

No sé por qué hice esto. Tal vez cosas de la infancia. Tal vez cosas de adultos. Supongo que conocer las razones ayuda, pero al final, lo único que importa es la vida que vivo. Los resultados.

Aquí hay algo que sucedió cuando comencé a amarme a mí mismo: noté mis patrones. No tenía idea de que incluso solía hacer esto, sólo pensé que era mi vida.

No desaparecieron de inmediato. Pero yo estaba al tanto de ellos. Y ése fue el comienzo. En el futuro, cada vez que yo mismo me cruzaba en mi camino, ya no estaba inconsciente. Fue una elección. Y con el tiempo, me cansé de esas elecciones.

De eso se trata amarte a ti mismo, comienzas a tolerar menos lo que no te sirve, especialmente de ti mismo. Esto solo cambia tu vida.

Esto es lo que aprendí sobre hábitos y patrones que no nos sirven. Hay un momento decisivo donde dos caminos se extienden al frente. Una opción requiere el viejo y familiar. El otro, desconocido. La magia yace en lo desconocido.

Hacer la pregunta correcta es la herramienta más poderosa que he encontrado al elegir el camino a la magia. En ese momento, cuando estoy a punto de repetir un patrón antiguo, cometer un error familiar y cómodo, hago una pausa, respiro profundamente, dejo que la luz fluya y me pregunto:

Si me amara verdadera y profundamente, ¿qué haría?

A veces, ayuda ampliar la pregunta a todos los niveles de felicidad que puedo reunir:

Si me amara verdadera y profundamente, con todo mi corazón, queriendo sólo lo mejor para mí, queriendo y mereciendo una vida mágica y hermosa, ¿haría esto?

Entonces, la elección es mía.

Son esos momentos los que definen mi vida. Eso define mi destino. Y en estos días, la mayoría de las veces, elijo una vida de amor. Una vida de magia.

SURCOS

Un amigo vivió algunas de las batallas más feroces que sufrieron las tropas estadounidenses en la última década. Él y su esposa viven la vida plena. Me dijo que vive porque los amigos que perdió querrían que lo hiciera. Vive porque se lo debe a su memoria.

Ambos perdimos a un amigo en común recientemente, un exmarine que no podía dejar ir las experiencias que vivió en la guerra. Consumado, humilde, trabajador. Sin embargo, los fantasmas del pasado lo atraparon.

He estado allí: la idea de abandonar la vida es una dulce tentación. Sólo para terminar con todo esto. He estado allí más cerca de lo que me gustaría admitir.

Afortunadamente, también he estado del otro lado, así que eso me da perspectiva. A veces me pregunto si los pensamientos de terminar con nuestras vidas son como una adicción. Es una sensación tan primitiva, ser o no ser, que una vez que pruebas la tentación, nunca eres completamente libre.

Puedes dejarlo atrás, sí. Pero al igual que una adicción, si alguna vez estás en un mal lugar y debilitado, la tentación puede volver a surgir.

Entonces, ¿cuál es la solución? Crea un nuevo surco que te transforme de adentro hacia afuera. Eso crea magia en tu vida. Entonces, si alguna vez estás debilitado y resurgen viejos surcos, el nuevo es tan profundo y poderoso que puedes ver a través de la alucinación de las serpientes.

En pocas palabras, deja que la luz en ti elimine la oscuridad. Y lo más importante, si los viejos surcos regresan, busca ayuda. Para cualquiera y para todos. Quien se ama a sí mismo deja de lado su ego y pide ayuda. Porque saben que ellos valen la pena.

MAGIA

Termino en el gimnasio, camino afuera y me siento en una pared junto a la entrada. Tarde cálida de otoño en San Francisco. Poca ventosa, fresca, niebla sobre el centro. Deliciosa.

«Amo mi vida», me descubro pensando, «amo mi vida, amo mi vida, amo mi vida». El pensamiento fluye tan naturalmente como el viento. Miro el horizonte: la gente pregunta por qué dejo caer mi largo cabello frente a mis ojos... Es para momentos como estos, cuando veo el mundo a través de briznas de plata: «Amo mi vida, amo mi vida».

Las nubes se mueven arriba, el pensamiento cambia: «Me amo, me amo, me amo, me amo». Estoy esbozando una sonrisa, luego sonriendo ampliamente. Todo lo que soy, mis esperanzas, sueños, deseos, fallas, fortalezas, todo: Yo. Me. Amo.

Si puedes llegar a este punto, incluso si es por un breve momento, te transformará, lo prometo.

La clave, al menos para mí, ha sido soltar. Soltar el ego, soltar los apegos, soltar a quien creo que debo ser, a quien los otros piensan que debo ser. Y mientras lo hago, emerge el verdadero yo, mucho mejor que el Kamal que proyecté al mundo. Hay una fortaleza en esta vulnerabilidad que no se puede describir, sólo experimentar.

¿Soy así en todo momento? No. Pero estoy seguro de que estoy trabajando en ello.

Hace miles de años, un poeta romano escribió: «Soy un ser humano, por lo tanto, nada humano es extraño para mí». Creo que es verdad. Entonces, si esto es posible para un humano, es posible para cualquiera. El camino puede ser diferente, pero el destino es el mismo.

La clave es estar abierto a amarnos a nosotros mismos. Una vez que hacemos eso, la vida se encarga casualmente de los siguientes pasos.

Permanece abierto a esa posibilidad y experimentarás la belleza de ver el mundo a tu alrededor bailar mientras en el interior, aceptas completamente a este maravilloso e increíble ser humano que eres. El sentimiento es, a falta de una palabra mejor, mágico.

RENDIRSE

Una vez le pregunté a un monje cómo encontró la paz.

—Yo digo que sí —contestó—. A todo lo que sucede, yo digo que sí.

Antes de enfermarme, lo último que mi mente occidental quería decir era que sí. Estaba obsesionado con mi negocio, con visiones de venderlo, ganar suficiente dinero para no volver a trabajar nunca más. Puedes argumentar que la obsesión alimenta la innovación en nuestra sociedad. Cierto, tal vez. Pero a menudo, detrás de la obsesión está el miedo.

Y había mucho miedo. Miedo a lo que la gente piense. Miedo a decepcionar a empleados e inversores. Miedo a fallar y lo que eso diría sobre mí. Utilicé el miedo como energía, impulsándome hacia adelante, presionándome a alcanzar metas, presionando para tener éxito, sin prestar atención a mi cuerpo, al presente, y pagué el precio.

A menudo, el precio por no estar presente es el dolor.

Ahora entiendo lo que quiso decir el monje. Hay una rendición a lo que es, al momento. Cada vez que noto miedo en mi mente, en lugar de dejarlo de lado o usarlo como combustible, me digo a mí mismo: *está bien*.

Murmuro un gentil «sí» a mí mismo. Al momento, a lo que la mente siente.

A menudo, eso es suficiente para desinflar el miedo. A partir de ahí, paso a la verdad de amarme a mí mismo.

Sabiendo esto, me doy cuenta de que todavía podría haber construido una gran compañía, tenido una relación hermosa, administrado mi salud y contactado a mi amiga antes de que falleciera para decirle cuánto la amaba. Podría haber hecho todo esto desde un lugar de gentileza, un lugar de amor propio.

Pero no puedo borrar el pasado, sólo aprender de él. Está bien. Aplicar lo que sé hace que el presente y el futuro sean un lugar hermoso para estar.

POR INERCIA

Mientras escribo esto, probablemente esté más deprimido de lo que he estado en mucho tiempo. Las cosas están... en fin. No es tan malo como cuando empecé, pero la vida no es tan brillante. La cuestión es que cuando la vida sólo funciona por un tiempo, te acostumbras y crees que seguirá así. Sesgo de actualidad. Cuando las cosas apestan, cuando estás en lo profundo, parece que apestarán para siempre. No puedes imaginar una salida. Cuando las cosas están bien, vives como si siempre durara.

«Entonces», me pregunto, «si tuviera que buscar más profundo, ¿por qué estoy deprimido, por qué mi vida no es una expresión de, bueno, espectacularidad?». Una vez que lo hayas experimentado y sepas que es posible, debes hacer todo lo que esté a tu alcance para mantenerlo así. Es demasiado bueno.

La respuesta, soy vago. Cuando estaba enfermo, me enfocaba en mi mente con una intensidad desesperada. Pero a medida que la vida se volvió buena, luego genial, comencé a divagar. Dejé que la mente se desplazara hacia sus medios naturales. Pasaron días, luego semanas sin meditar. Amarme a mí mismo se convirtió en algo que asumí, pero para lo que no ponía más esfuerzo.

Ahora estoy en el punto en que cuando repito el circuito, «Me amo», se siente extraño. Me encuentro buscando una palabra menos poderosa. Una que se sienta correcta.

Pero si el amor no es la palabra correcta, ninguna más lo será.

La ironía es que soy yo quien compartió esta verdad con amigos. «Ámate a ti mismo», les dije, «mira cómo me funcionó. Funciona, realmente funciona». Todo es cierto. Pero ¿quién quiere recibir el asesoramiento financiero de un hombre que apenas puede pagar sus cuentas?

Entonces me hago la pregunta: «si me amara verdadera y profundamente, ¿qué haría?». Me encanta esta pregunta. No hay amenaza, no hay respuesta correcta o incorrecta, sólo una invitación a mi verdad en este momento presente.

La respuesta es simple: me comprometería con la práctica. Y también compartiría lo siguiente que aprendí, que es no te dejes llevar cuando las cosas van bien. Es fácil desear salud cuando estás enfermo. Cuando la vida te va bien, necesitas continuar la práctica.

Honestamente, me asusta un poco. Viniendo de los vertederos, cuando la vida te va bien, es genial. Pero si la vida te va bien y haces la práctica, ¿qué tan lejos puede llegar en la vida? ¿Puedo manejarlo? Diablos, ¿me lo merezco?

Es un buen truco que nos juega la mente. Así que vuelvo a la pregunta: «si me amara, verdadera y profundamente, ¿qué haría?». La respuesta es fácil: volaría. Volar tan alto como pueda. Y después, volaría aún más alto.

Ahora, si me disculpan, voy a meditar.

CREENCIA

Un efecto secundario de amarme ferozmente fue
que comenzó a desalojar viejas creencias que ni
siquiera sabía que existían. Ya fuera tomando un café
con un amigo o leyendo un libro, tenía imágenes de
entendimiento sobre mí mismo. Eran tan claras. Era
como si mi vida fuera una baraja de cartas, cada una con
una imagen de situaciones que había experimentado,
todas cayendo sobre mí, se volteaban una sobre la otra,
y el único pensamiento era: «Oh, Dios mío, todo tiene
sentido».

Aquí hay un ejemplo. Siempre he sabido que el crecimiento
es algo importante para mí. Si no siento que estoy
creciendo, estoy a la deriva, deprimido. Pero lo que no
sabía, hasta que la práctica del amor propio me lo mostró,
era mi creencia sobre el crecimiento: el crecimiento real
se produce a través de situaciones intensas, difíciles y
desafiantes.

¿Puedes ver cómo eso definiría el camino de mi vida?

Era inmediatamente obvio de dónde venía. La primera
vez que sentí que crecía de una manera que ya no era la
misma, estaba mucho mejor: el campo de entrenamiento
de infantería del ejército de EE. UU. ¿Fue intenso? Sí. ¿Fue

difícil? Sí. ¿Fue un reto? Cada día. ¿Fue feliz o alegre? De ninguna manera. Siglos de protocolo militar lo diseñaron para ser miserable. Pero es algo que siempre he visto como una experiencia definitoria, de la que estoy orgulloso. Entré como un hombre inseguro de dieciocho años. Salí sabiendo que podía manejar cualquier cosa que me arrojaran. Eso fue crecimiento.

Lo que creemos, eso es lo que buscamos, es el filtro a través del cual vemos nuestras vidas. Me he lanzado activamente a situaciones intensas y difíciles. Todas ellas situaciones donde crecí, pero ¿cuál fue el precio?

Otro ejemplo. Mientras construía mi empresa, me conocían como alguien que buscaba obtener éxito. Muchos me lo dijeron. Yo creía lo mismo hasta que me amé. Entonces, un día, me desperté y me di cuenta de que había algo más en esa creencia, y la verdad tomó un pequeño giro: lo que me impulsaba era que no quería fallar.

Hay una gran diferencia. No es de extrañar que a mi compañía le fuera como le fue. Trabajé intensa y constantemente para seguir avanzando, a un paso del desastre, siempre buscando alguna manera de lograrlo, y luego haciendo movidas para evitar el próximo desastre. Nunca fallaba, pero nunca despegaba como sabía que debería.

La buena noticia es que una vez que el centro de atención brilla dentro de ti, no hay vuelta atrás. Los patrones de la mente que te detuvieron se desvanecen por sí solos. Como una vieja armadura oxidada que ya no necesitas. Con cada percepción, hay libertad, una sensación de ligereza. Y crecimiento.

OXÍGENO

Después de dar esa charla en Renaissance Weekend, una persona me dijo: «primero debes amar a los demás».

Respetuosamente, no estoy de acuerdo. Es como lo que te dicen durante las instrucciones antes de que al avión despegue: en caso de emergencia, si las máscaras de oxígeno caen desde arriba, póngase la suya antes de ayudar a otra persona.

Cuando comencé a amarme a mí mismo, las cosas dentro de mí cambiaron. El miedo fortalece el ego. El amor lo suaviza. Me volví más abierto, vulnerable. Era natural ser amable con los demás, incluso cuando no me amaban. Y las veces que no fue fácil, tuve los recursos (el circuito, la meditación, el espejo, la pregunta) para volver al amor propio.

Hay un poder en esto. En lugar de reaccionar a las situaciones, me encontré eligiendo cómo quería ser. Eso, a su vez, creó mejores situaciones y, en última instancia, una vida mucho mejor.

DONDE QUIERO ESTAR

Acostado de espaldas en una colina, la hierba me hace cosquillas en el cuello. Hermoso día soleado, cielos azules. Las nubes se desplazan arriba. Cada una, un pensamiento. Miro, conociéndolos por lo que son. En lugar de unirles mi experiencia del presente, elijo aquellos en los que quiero centrarme. O no centrarme. Siempre mi elección.

Los pensamientos vienen. A la deriva, retorciéndose, girando en formas. Es su naturaleza. Elijo uno por el momento, y luego lo dejo ir, nunca los hago parte de mí. Simplemente experimento lo que elijo. Todo a través del filtro del amor. Eso es todo.

FIN

Creo que, en lugar de leer un montón de libros de autoayuda, asistir a varios seminarios, escuchar a diferentes predicadores, deberíamos elegir una cosa. Algo que se siente real para nosotros. Luego practicarlo ferozmente.

Apuesta a ello, luego juégalo todo. Ahí es donde sucede la magia. Donde la vida va a exceder nuestras expectativas.

Encontré en qué apostar. Vino de un lugar de angustia, un lugar de «no más». Pero no tiene por qué ser así. Puede provenir de un amigo, un libro, un amante. Puede venir de la alegría.

Si algo más te parece cierto, entonces hazlo. Realmente no creo que los detalles importen. Lo que importa es la práctica, el compromiso de vivir tu verdad.

Los resultados valen la pena. Es lo que deseo para ti.

SEGUNDA PARTE

EL MANUAL

MI INTENCIÓN

Cuando escribí en la Primera parte, «La promesa», mi intención era clara: no importa qué objeciones tuvieras cuando comenzaste a leer, para cuando terminaras, estarías lo suficientemente convencido como para darte una oportunidad.

La razón era simple: había experimentado la magia que me brindó amarme. Lo había visto en otras personas con las que había compartido la práctica. Entonces sabía que, si aplicabas lo que yo había hecho, también lo experimentarías.

Y una vez que experimentas la magia que resulta de amarte a ti mismo, algo dentro de ti ya no es igual. Puedes divagar, puedes renunciar, pero nunca puedes mentirte a ti mismo acerca de lo que es posible.

La Segunda parte, «El manual», es el resultado de responder a los correos electrónicos de miles de lectores. Aprendí de ellos que, aunque la Primera parte tuvo éxito, no fue suficiente. Había dos preguntas clave que aún tenía que cubrir.

La primera: «¿cómo puedo aplicar esto fácilmente a mi vida?». La segunda: «¿cómo hago que perdure?».

Mi intención es resolver estas cuestiones. Como resultado, quiero darte un manual definitivo para amarte. Uno que sea fácil, efectivo y duradero.

Así que aquí hay una guía paso a paso para amarte a ti mismo. Esta guía toma la práctica original y la lleva más profundo. Luego, agrega lo que he aprendido a lo largo de los años para hacerlo más impactante. Cuando termines, comprenderás que amarte no sólo es posible, sino que es estúpidamente simple.

Lo más importante: sabrás exactamente cómo hacerlo.

SALTA

No sé qué te trajo a este libro o dónde estás en tu vida. Pero esto lo sé: siempre podemos ser mejores; siempre podemos empezar de nuevo. No hay un momento perfecto para ello. No se requiere preparación o un estado mental particular. Sólo hay compromiso en este momento.

Es como estar parado al borde de un acantilado sobre el océano. Puedes tomar tantas respiraciones profundas como quieras, pero al final, tienes que saltar.

Así es como lo haremos:

Primero, cavaremos los cimientos. Te perdonarás y harás tu promesa. Estos actos son una declaración a la vida misma. Lo cambian todo.

Luego, te sumergirás en la práctica (circuito mental, meditación, espejo, pregunta) y aprenderás los matices de cada uno. Aprenderás cómo aplicar la práctica a tu vida y cómo hacer que perdure. Esto creará los cimientos.

Finalmente, construiremos sobre los cimientos. Cómo amarte a ti mismo se aplica a tu pasado, presente y futuro; cómo usar esto para dar amor a otros; qué hacer si alguna vez sufres; y cómo usar tu amor para conectarte con algo más grande que tú. Terminaremos con consejos prácticos sobre cómo vivir de esta forma de vida.

Te guiaré y, donde sea útil, desglosaré exactamente qué hacer. Todo será de mi experiencia. Y como ambos somos humanos, lo que funcionó para mí funcionará para ti.

Tengo una sugerencia: no te enredes en los detalles. Si alguna vez estás confundido, recuerda que lo que importa es la intención. La única intención que necesitas es amor puro y centrado en ti mismo.

¿Listo? Saltemos...

PRIMERO, PERDÓNATE

Antes de avanzar hacia el futuro, debes liberar los grilletes del pasado.

No entiendo por qué trabajamos tan duro para perdonar a los demás sin perdonar al único sobre el que tenemos poder: a nosotros mismos. Toda libertad comienza dentro. Incluso si quieres perdonar a los demás, primero debes perdonarte a ti mismo. Sólo quienes son libres pueden liberar a otros.

Me tomó un tiempo entender esto. Pero una vez que lo apliqué, esto agregó un nivel para amarme a mí mismo que no había experimentado antes. Es fácil y absolutamente liberador.

Imagina dejar ir lo que has tenido en tu contra. Eso es lo que hace esto. Y te lleva perfectamente a la promesa de amarte a ti mismo.

INTENTA ESTO:
PERDÓNATE

Paso 1: Ve a un lugar donde no te interrumpan. Cuanta menos distracción para cualquier cosa que apliques de este manual, mejor. Mi lugar favorito para esto es la naturaleza. Como mínimo, elige un lugar que te haga sentir bien.

Paso 2: Cuando estés listo, escribe todo lo que tienes en tu contra. Cada cosa. Por favor no retengas nada. Esta es tu curación. Es sagrado. Cualesquiera que sean las emociones, siéntelas plenamente y déjalas pasar. Vale la pena la magia que experimentarás después.

Paso 3: Una vez que las emociones hayan pasado, recuerda que eres un ser humano. Por lo tanto, está en tu naturaleza cometer errores. Es el contrato de existir en este planeta. Siéntate con eso por un momento.

Paso 4: Escribe que te perdonas a ti mismo. Lee todo en voz alta. Una y otra y otra vez hasta que sientas que algo dentro de ti cambia.

Es posible que debas escribirlo varias veces para sentir el cambio. Si es así, escríbelo, léelo en voz alta y repite hasta que estés listo para soltarlo. Recuerda, tú lo vales.

Paso 5: Toma el papel en el que escribiste y destrúyelo. Puedes romperlo. Puedes tirarlo al océano, lago o río. Puedes tirarlo a la basura o prenderle fuego o tirarlo por el inodoro. Puedes ponerlo en un cohete y lanzarlo al Espacio.

Realmente no importa cómo lo destruyas. Estás tirando todo lo que tenías en tu contra. El acto en sí es simbólico. Lo que importa es la pureza de la intención.

Deja que esta acción te quite el papel y todo lo que representa. Deja que la vida te lo quite. Deja que el amor te lo quite. Déjalo ir. Recibes el perdón de quien más lo necesita: tú mismo.

SEGUNDO, TU PROMESA

Cuando escribí por primera vez la promesa de amarme, estaba desesperado. Tuve que salvarme. Recuerdo con qué fuerza apreté el bolígrafo, cómo se clavó en el papel y sobre el escritorio de madera.

Cuando terminé, dejé el bolígrafo y miré mi diario. ¿Qué había hecho?

Frente a mí, en mi letra en tinta negra, había una promesa. Y una promesa es un compromiso total. Un acto sagrado para uno mismo. No había escapatoria de esto.

No sabía cómo amarme a mí mismo, pero debido a la promesa, tuve que resolverlo. Entonces, escondiéndome en mi habitación, día tras día y noche tras noche, trabajé en mí hasta que lo logré.

Esto llevó a un hombre que estaba profundamente en el fracaso y se odiaba a sí mismo a ser un hombre que se amaba a sí mismo, amaba la vida y experimentaba la magia de una manera que nunca supo que existía. Y años después, todavía lo hace. Aún más.

Ese es el poder de una promesa. Lo cambia todo.

Lo entregas todo. No hay vuelta atrás. Nada de intentar, querer o desear. Estás haciendo. Si tropiezas y caes, te levantas, te quitas el polvo y continúas. Y sólo hay un camino: avanzar.

Mirando hacia atrás, todavía me maravilla haber descubierto cómo amarme a mí mismo. Pero ya no me sorprende. He aprendido que cuando haces un verdadero compromiso contigo mismo, las cosas comienzan a cambiar. Dentro y fuera. Puedes sentir la vida vibrar a tu alrededor.

Y, por favor, confía en mí en esto, sólo porque yo estaba en el fondo no significa que tú debas estarlo. Cada momento de nuestras vidas es una oportunidad para comprometernos. No importa dónde estemos, no importa cuán buenas o malas puedan parecer las cosas, este momento es el momento perfecto para tomar nuestra posición. Decir «no más» a lo que no nos sirve y un *sí* rotundo a lo que sí.

Realmente es así de simple. Te lo juro.

He utilizado compromisos para transformar mi salud, mi estado físico, mis finanzas, mis relaciones. Y, por supuesto, el compromiso que lo cambió todo: amarme a mí mismo. Lo hago una y otra vez.

La vida es más expansiva de lo que nuestras mentes humanas pueden comprender. Quienes somos se extiende en formas más grandes que nosotros. Entonces, cuando nos hacemos mejores, los que nos rodean son mejores. Luego, los que los rodean a ellos. Y así sucesivamente. Los resultados de nuestros compromisos son mucho mayores que el impacto original.

Por ejemplo, la promesa de amarme a mí mismo transformó mi vida. Pero no se detuvo allí. Cuando compartí la práctica con amigos, mejoré sus vidas. A su vez, me convencieron de escribirlo. Debido a esa promesa, aquí estás, leyendo mi verdad.

No tenemos forma de prever la magia que resulta de nuestros compromisos. Esto es más grande que nosotros. Sólo tenemos que confiar en ello. Y sucederá cada vez.

He aquí un efecto secundario de hacer y mantener compromisos contigo mismo: tu confianza en ti mismo se dispara. Caminas por la vida de manera diferente. Ésa es la mejor manera en que puedo describirlo.

Las cosas que alguna vez temiste se vuelven alcanzables porque sabes que todo lo que se necesita es un compromiso contigo mismo, entregarlo todo, y a través del proceso, descubrirás el camino e irás más allá de lo que creías posible. Desarrollas naturalmente un respeto saludable por la persona en la que te has convertido.

Si lo piensas bien, esta es una forma fantástica de amarte a ti mismo.

INTENTA ESTO:
HAZ TU PROMESA

Haz esto inmediatamente después de perdonarte. Acabas de dejar atrás el pasado. No hay mejor momento para avanzar hacia tu futuro.

Paso 1: Siéntate en un lugar tranquilo con un trozo de papel y un bolígrafo. Hay algo poderoso en escribir una promesa a mano, ver las palabras fluir a través del bolígrafo, sentir la página. He intentado esto en una computadora y un teléfono, pero no he experimentado la misma potencia.

Paso 2: Escribe la promesa de amarte verdadera y profundamente en todo lo que puedas. Hazlo tan poderoso que te asuste un poco. Si quieres, usa el mío como guía.

Puede ser tan largo o corto como quieras. La clave es que tiene que inspirar algo dentro de ti.

Paso 3: Si sientes la necesidad de editar tu promesa, vuelve a escribir todo nuevamente. Siente el poder de la promesa completa. Cuanta más energía pongas en esto, más recibirás.

Paso 4: Lee la promesa en voz alta. Una y otra vez hasta que sientas que vibra dentro de ti.

Paso 5: Coloca este documento en algún lugar donde lo veas a diario, preferiblemente varias veces al día. Para mí, es un diario en mi escritorio. Pero realmente, no importa dónde. Conoces el lugar adecuado para ti.

También puedes llevar una foto como recordatorio. Pero si tu vida lo permite, regresa diariamente a ese lugar con la promesa. Después de un tiempo, notarás que tu mente cae naturalmente en el poder de la promesa (y los resultados) cada vez que regresas a ese papel. Es un registro físico de tu compromiso contigo mismo. Tu subconsciente lo reconocerá.

Paso 6: Léelo diariamente. Como mínimo, dos veces, una al comienzo del día, otra al final. Cuanto más a menudo hagas esto, más profundo será el surco.

Puedes leerlo en voz alta o en tu cabeza. Pero cada vez, hazte sentir el poder de tu promesa. Imagina cómo serías si te amaras verdadera e incondicionalmente. Imagina cómo sería tu vida.

Siente eso. Esta parte de imaginar y sentir es importante. No te la saltes.

Si vuelves a hacer esto en el futuro, y espero que lo hagas, escribe una nueva promesa desde cero. Tu promesa debe reflejar quién eres en este momento de tu vida. Tendrá un mayor impacto de esta manera.

DIEZ RESPIRACIONES

Antes de sumergirnos en la práctica en sí, quiero compartir una cosa que la hizo sostenible. Podrás reírte de su simplicidad. Y esa simplicidad es exactamente la razón por la que funciona.

A lo largo del día, detengo lo que sea que esté haciendo y respiro diez veces. Eso es.

Pero estas no son tus respiraciones promedio. Son profundas, lentas y decididas. Un cambio completo de mis pensamientos a un enfoque puro en amarme.

Cuando respiro, me digo a mí mismo, «Me amo».
Siento que la luz entra desde arriba, haciendo lo que hace. Cuando exhalo, dejo que la luz elimine lo que sea necesario. Sin control, sin forzar, sólo permitiendo. Una especie de rendición.

Originalmente se me ocurrió esto para superar mi pereza. No importa cuán bien se pusieran las cosas, con el tiempo la inercia regresaba. Necesitaba crear un proceso que fuera tan fácil que no hubiera forma de que no pudiera hacerlo. Y eso es lo que ha hecho esto.

Recuerda, si quieres toda la magia, ve por todo. Concentra cada respiración consciente en amarte a ti mismo. Y esto no lo pasa por alto. Lo que hace es mantener el impulso si te da pereza. Y es tan eficiente que no tienes excusa para saltarlo.

Si alguna vez me ves en el gimnasio, notarás que camino hacia el espejo después de un entrenamiento y me miro a los ojos por unos momentos, luego sonrío. Me pillaste haciendo «el espejo» de diez respiraciones.

O, fuera de mi edificio, me verás hacer una pausa, mirar al cielo por un rato y luego entrar. Allí me pillaste haciendo el circuito mental de diez respiraciones.

Mi día está lleno de estos momentos. ¿Y por qué no? Se sienten bien, profundizan el surco de amarme a mí mismo y crean magia en mi vida. Lo más importante, puedo hacerlo en cualquier lugar y en cualquier momento.

A medida que avanzamos en la práctica en el resto de este manual, abundaremos sobre las diez respiraciones para que puedas ver cómo lo hago. Eso debería darte ideas sobre cómo implementarlo en tu vida.

TERCERO, HAZ LA PRÁCTICA

Mi primera carrera fue en investigación clínica. Recién me había graduado de la universidad, así es que reunía datos en los departamentos de Emergencias, esperando que la experiencia me ayudara a ingresar a la escuela de Medicina.

Como la vida es así, me enamoré de la escritura. Entonces, descubrí emprendimientos, o *startups*, y la escuela de Medicina nunca sucedió. Pero la experiencia dejó su huella. De alguna manera, condujo a la práctica.

Después de hacer la promesa, no tenía idea de cómo amarme a mí mismo. ¿Quién de nosotros recibió esa capacitación? Entonces comencé a intentar de todo en mi cabeza. Intenté cada estupidez con la que podía soñar. No me importaba si parecía tonto o demasiado simple. Sólo me importaba una cosa: que funcionara.

Básicamente, estaba realizando ensayos clínicos en mi cabeza. Encargándome de la única persona que tuve que salvar: a mí mismo.

Así es como sabía si algo funcionaba: me alejaba de la miseria en la que me encontraba. Si funcionaba, lo hacía más, profundizaba. Si dejaba de funcionar o se debilitaba, lo tiraba. No tenía ningún apego a nada, excepto a los resultados.

Finalmente, quedaron cuatro cosas:

- El circuito mental
- La meditación
- El espejo
- La pregunta

Si tuviera que ponerlo en orden, el circuito mental vino primero. Luego, la meditación. Luego, el espejo. La pregunta surgió cuando estaba tratando con personas y sus dramas. Cada uno trabajó a su manera.

Puedes sentirte tentado a hacer sólo uno. No caigas en esa trampa. Aunque cada uno es poderoso, ponlos juntos y sus efectos se combinan. Eso es lo que creó la magia en mi vida.

Además, acabas de hacer una promesa de amarte a ti mismo. Te lo debes.

LA PRÁCTICA:
I. CIRCUITO MENTAL

Después de escribir la promesa y de probar cualquier cosa que pudiera funcionar, noté que mientras repetía «Me amo», hubo breves momentos en los que me lo creí.

Al principio, sentí que había engañado a mi mente. Era normal odiarme a mí mismo, ser miserable, por lo que este estallido de sentir amor por mí mismo, incluso si fue por un segundo o dos, se sintió bien... se sintió extraño.

Pero había algo allí. Algo especial. En el fondo, lo sabía.

Cuanto más sentía el sentimiento, más rápido cambiaba mi estado mental. Así que conscientemente agregué sentimientos al circuito mental. De hecho, me hice sentir amor propio. Éste fue el matiz que me llevó al siguiente nivel.

Cuanto más hice esto, mejor me puse. La vida mejoró. Es como si los pensamientos y sentimientos juntos crearan una transformación en un nivel más alto que los pensamientos solos.

Después de un tiempo, esto se hizo más fácil. El surco se estaba haciendo más profundo. Todavía recuerdo cuando sentí la sensación por primera vez. Estaba afuera de mi edificio, mirando hacia el cielo, y me golpeó muy fuerte, este sentimiento de amarme a mí mismo. Tan natural. Tan real.

Tuve que capturar el momento. Quizás para recordarme que en realidad sucedió. Todavía no creía que esta fuera mi realidad y temía que desapareciera. Corrí escaleras arriba a mi departamento y escribí el capítulo titulado «Magia».

Cuando haces el circuito mental con el sentimiento, al principio se sentirá extraño. Puede que sientas que lo estás fingiendo. Que no es real. En ese caso, pregúntate esto: «¿Es real el ruido en mi cabeza?».

Son sólo circuitos sobre circuitos de pensamiento, viejos surcos y patrones que se ejecutan solos. Confeti de la mente. Supongamos que resuelves algo en tu cabeza, mañana aparecerá una nueva versión. Incluso si liberas la ira contra alguien hoy, es posible que sientas ira contra otra persona la próxima semana. Nada ha cambiado excepto el escaparate.

Es por eso por lo que este surco es tan efectivo. Como ya estamos cableados para el amor, atraviesa el desorden y sacude la basura de forma natural. Los viejos patrones de pensamiento pierden su poder.

Cuando estaba en el fondo, no me importaba por qué mi mente favorecía los pensamientos basados en el miedo.

Si estás en llamas, no quieres una conferencia sobre la naturaleza de la combustión. Quieres agua. Entonces, en lugar de luchar contra los pensamientos en mi cabeza, me concentré en el único que importaba. El que me salvó. Como decía un sabio amigo: estaba viviendo la vida de adentro hacia afuera.

Eso es lo que me trajo aquí. De eso se trata el circuito mental.

PRUEBA ESTO:
CIRCUITO MENTAL

El circuito mental es la pieza más simple de la práctica.
Sólo repite «Me amo» cada vez que puedas. Ya sea en voz
alta o en tu cabeza, lo que se sienta bien. Eso es todo.

Lo que estás haciendo es cambiar tu mente para que
se concentre en un solo surco. Estás sacando el trapo,
limpiando tu ventana. La luz entrará. Siempre lo hace.

Tu mente podría rebelarse. Después de todo, no es normal
reducir conscientemente nuestros pensamientos a uno
solo. Es una forma de disciplina mental que nunca nos
han enseñado. Entonces, los recuerdos y las emociones
probablemente aumentarán, diciéndote lo contrario.

Primero, esto es de esperarse. Sé amable contigo mismo y
continúa. El acto mismo de crear este nuevo surco es una
forma de amarte.

Segundo, no escuches a los miedos. Serpientes alucinadas,
todas y cada una. Para salvarte, debes atravesarlos.

Cuando un héroe emprende una búsqueda, sabe que
habrá obstáculos en su camino hacia el tesoro. Eso es

parte de la gran aventura. Eres el héroe de tu historia. Las serpientes alucinadas son tus obstáculos.

Tercero, atravesar serpientes alucinadas genera confianza en ti mismo. Te das cuenta de que eres más poderoso que tus ilusiones. Pero ningún libro o persona puede hacer esto por ti. Sólo tú puedes.

Una vez que estés un poco acostumbrado al circuito mental —y sólo lleva un día o dos— agrega sensación. Te llevará al siguiente nivel.

¿Por qué incluso esperar? Porque la mente se rebela con más fuerza si lo haces todo al principio. Entonces, la mejor manera de hacerlo es paso a paso. Comienza el surco, luego cava más profundo. El agua fluirá.

Para agregar sensación, haz respiraciones lentas y decididas. Con la respiración, di «Me amo» y siente que el amor se eleva dentro de tu pecho. Ayuda imaginarlo como luz. Con la exhalación, suelta lo que venga. No hay nada forzado ni fingido. Es más bien un permitir porque tu amor ya está dentro de ti.

Cuanto más haces esto, más profundo es el surco. Más se convierte en parte de tu subconsciente. Más comienza a funcionar por sí solo, hasta que, finalmente, tu mente es más una expresión de este surco que de ninguna otra cosa.

Algunos prefieren decir: «Me amo». Otros: «Soy amado». Todas las variaciones funcionan. Recuerda, lo que importa es la intención detrás de las palabras. En este caso, tu intención debe ser un enfoque puro en el amor por ti mismo.

Cuando comiences, sé obsesivo con el circuito mental. Hazlo tanto como puedas. Notarás los cambios internos, luego los externos. Dalo todo.

Pero con el tiempo, si eres como yo y las cosas comienzan a ponerse realmente bien, irás más despacio. Está bien. La vida es larga y tiene su propio ritmo. Pero aquí está el peligro: si te detienes, la mente comienza a deslizarse a las viejas formas.

Nunca vuelvas a donde estabas antes, después de todo, has creado un nuevo y poderoso surco, pero los surcos del pasado son profundos. Han sido excavados durante toda la vida. A eso te enfrentas.

He aquí cómo ser consistente:

CUANDO DESPIERTAS

Respira hondo y profundo y di en tu mente o en voz alta: «Me amo». Imagina que la luz fluye desde arriba hacia tu cabeza y se extiende hacia tu cuerpo, yendo a donde sea necesario. Siente la sensación de amarte a ti mismo. Luego, exhala.

Haz esto por diez respiraciones. Es una hermosa manera de comenzar el día.

DURANTE EL DÍA

Cada vez que notes que tus pensamientos vagan a la oscuridad (ira, dolor, miedo, etc.) saca tu trapo y limpia tu ventana.

Deja que el cambio sea tu acción. Si notas tu mente en un circuito negativo, cambia al amor por ti mismo. Haz esto durante todo el día. Cambio. Cambio. Cambio.

Cada vez que cambies, haz el circulo mental intensamente durante diez respiraciones profundas. Si alguna vez tienes un momento difícil o te sientes estresado, hacer una pausa para hacer esto realmente ayuda. También te mostrará que, en última instancia, somos responsables de nuestra miseria y de nuestra curación. Y la curación está disponible para nosotros en cada momento.

Recuerda, estás profundizando este nuevo surco con cada cambio. Lo que podría parecer dificultoso al principio con el tiempo se volverá natural. El surco se ejecutará por sí solo.

QUEDARTE DORMIDO

Sólo repite lo que hiciste cuando despertaste. Excepto
aquí, no te detengas. Hazlo hasta que te duermas.

Tu mente vagará, como lo hace naturalmente, pero cada
vez que te des cuenta, regresa a tu nuevo surco. Éste es
un momento increíblemente efectivo. Estás acumulando
amor propio en tu subconsciencia mientras te duermes.

También es una hermosa manera de terminar el día.

LA PRÁCTICA:
2. MEDITACIÓN

La meditación es la parte más poderosa de la práctica.
Pero es posible que no sientas los efectos de inmediato. A
menudo, sólo estás sentado allí con tu mente vagando por
todos lados preguntándote qué estás haciendo con tu vida,
cómo terminaste aquí, por qué te pica la nariz, si puedes
obtener un reembolso por este libro...

Sin embargo, incluso con todo esto, hay momentos de
silencio. Sin interferencia de tu mente. Con la luz que
entra. Y esos momentos son suficientes.

Recuerda, es la luz la que sana. Es la luz la que transforma.
No hay nada que podamos hacer sino dejarla entrar. Sin
forzar, sólo permitir.

Lo que realmente me ayudó fue hacer esto con la misma
pieza musical. Era algo con lo que tenía asociaciones
positivas. Como me sentía bien al escucharla, era más fácil
entrar en ese estado cuando cerraba los ojos para meditar.
En una semana, en el momento en que sonaba la canción,
mi mente entraba automáticamente en un estado de
silencio. Ingresaba la luz.

No puedo prometer cómo te sentirás cuando comiences esto. Pero puedo prometer que si lo haces y te enfocas en la luz que viene desde arriba, permitiéndole entrar, pronto notarás cambios dentro de ti. Y esto también te lo prometo, en tu vida.

PRUEBA ESTO:
MEDITA

La meditación es simple. Encuentra una pieza musical que te haga sentir bien, reprodúcela, cierra los ojos, siente que la luz entra desde arriba con cada inhalación y dite a ti mismo: «Me amo».

Luego, suelta lo que venga con la exhalación. Si tu mente divaga, devuélvela suavemente a su respiración. Haz esto hasta que la música termine. Para mí, esto lleva un poco más de siete minutos.

Tu mente puede rebelarse, pero no dejes que esto te asuste. Recuerda, hay serpientes alucinadas en el camino hacia el amor. Una vez que las reconoces como las ilusiones que son, su poder sobre ti disminuye naturalmente. Eso, en sí mismo, vale la pena.

Repite la meditación diariamente con la misma música. Si puedes, a la misma hora cada día. Conviértelo en un ancla alrededor de la cual gire tu vida. Después de las primeras veces, agrega el sentimiento exactamente como lo hiciste con el circuito mental.

No recomiendo escuchar esa música fuera de la meditación. No quieres que la mente la conecte con lo mundano. Éste es un momento enfocado y hermoso en el que sacas el trapo, limpias la ventana y dejas que entre la luz. Mantenlo especial.

LA PRÁCTICA:
3. ESPEJO

Este es el que muchos evitan. Aquí está mi sugerencia: si te encuentras resistiendo, entonces debes hacerlo. La resistencia son los viejos circuitos y patrones que luchan por la supervivencia. Los mismos que te han retenido. Es hora de dejarlos ir. Me topé con esto por accidente. Una noche, mientras hacía el circuito mental en voz alta, me miré en el espejo. Y continué... «Me amo. Me amo. Me amo...».

Guau. Algo poderoso estaba sucediendo.

Estaba conectando conmigo mismo de una manera más profunda. Después de sólo cinco minutos, sentí un zumbido. Sin embargo, parecía que las cosas se habían asentado por dentro. Como si fueran más sólidas. Fue la cosa más extraña.

Continué esto a diario. El truco, aprendí al probar cada variación, era mirarme a los ojos. No mi cara. No mi cabello. Ningún otro lado. Sino ponerme tan cerca del espejo que sólo podía ver mis ojos, luego decir que me amaba.

Esto ancla nuestro amor a nuestro ser físico. Y el enfoque en los ojos evita los juicios que hacemos sobre nuestros rostros y cuerpos. Cuanto más hacemos esto, más desaparecen los juicios.

Esta práctica es especial. Te hace enamorarte de ti mismo.

PRUEBA ESTO:
ESPEJO

Mírate a los ojos en el espejo y haz el circuito mental sin parar durante cinco minutos. Cuando puedas, haz una pausa entre respiraciones y piérdete en tus ojos. Cuanto más hagas esto, más experimentarás tu propia belleza.

Luego, al igual que con el circuito mental y la meditación, agrega sentimientos después de las primeras veces.

No recomiendo hacer nada más, como cepillarse los dientes, mientras lo haces. En cuanto al mejor momento, hazlo inmediatamente después de la meditación si puedes. Hecho de forma consecutiva por la mañana, configuran tu día.

He descubierto que es más poderoso cuando digo «Me amo» en voz alta. Si eso es demasiado, entonces susurra. Algo sucede cuando combinas la cualidad física de tu voz repitiendo que te amas con la mirada fija en tus propios ojos. Causa un cambio interno, deja entrar la luz.

La clave aquí es el enfoque. Vas a dedicarte a amarte durante estos breves cinco minutos. De forma visceral y física. Hazte este regalo.

LA PRÁCTICA:
4. PREGUNTA

Es fácil quedar atrapado en nuestras cabezas, ejecutar circuitos de pensamiento en automático. Esto se siente tan normal que rara vez nos detenemos para cuestionarlo. Sin embargo, la mayoría de estos circuitos no nos sirven. En el peor de los casos, destruyen nuestra autoestima, nos separan del amor.

Es por eso por lo que la pregunta correcta en el momento es efectiva. Primero, cambia la mente. Ya no estamos en piloto automático. En segundo lugar, responder nos obliga a tomar una decisión consciente. Tercero, la elección lleva a la acción, interna y externa.

Hacer y responder preguntas nos hace proactivos en nuestras vidas, en lugar de reactivos. Esto, en sí mismo, es transformador. Estas son las que uso para amarme a mí mismo:

> *Si me amara verdadera y profundamente,*
> *¿me permitiría experimentar esto?*

El «si» elimina cualquier argumento que cree la mente. Incluso cuando me siento horrible en el momento y no me amo, el «si» hace que la respuesta sea posible y real.

Esta pregunta es perfecta para tratar con otros. No importa cómo pueda ser otra persona, lo que siento por dentro es mi elección. Siempre. Entonces hago la pregunta para alejarme de los pensamientos reactivos.

Si me amara verdadera y profundamente,
¿qué haría?

Esta pregunta es excelente para las elecciones de vida. Me enfoca hacia adelante, más que en el espejo retrovisor de mis pensamientos. No importa lo que haya sucedido, no importa los errores que haya cometido, me lleva a lo que necesito. De hecho, estás leyendo este libro por esta pregunta.

Después de que terminé la versión original y me comprometí a publicarla, todavía dudé. Me aterraba arruinar mi carrera en Silicon Valley. Entonces, una noche, me hice la pregunta.

La respuesta fue simple: compartiría mi verdad. Era demasiado importante para no hacerlo. Si se burlaban, seguiría amándome a pesar de todo. La magia resultaría de cualquier manera; cómo resultaría, no tenía idea. Pero había experimentado suficiente magia al amarme a mí mismo para saber que era real.

Responder esta pregunta cambió mis pensamientos del miedo hacia la verdad, y luego a la acción. Hizo que este libro saliera al mundo. Tanta magia ha entrado en mi vida como resultado. Si alguna vez te sientes impotente o perdido, pregúntate esto. Te guiará a la elección y la acción.

¿Estoy en la luz o en la oscuridad?

Cuando me doy cuenta de que estoy perdido en mis pensamientos, me hago esta pregunta.

Si la respuesta es «en la luz», genial. Aumento los pensamientos y los disfruto. Por cierto, cuanto más te amas, más te encuentras aquí.

Si es miedo, ira, historias justas, dolor, todo es oscuridad. No hay forma de combatirla o alejarla. Eso sólo la hace más fuerte. Eso sólo me aleja del momento presente.

Así que vuelvo a lo que sé que funciona. Saco mi trapo, limpio mi ventana, voy a las diez respiraciones de amarme a mí mismo. A veces, esto me saca de la oscuridad de inmediato. A veces, toma muchas más respiraciones, todo dependiendo de lo enredado que estaba en mis pensamientos. Pero funciona.

PRUEBA ESTO:
PREGUNTA

Puede que tengas la tentación de usar las tres, pero mi consejo es que no lo hagas. Si no está acostumbrado a hacer y responder preguntas en el momento, varias opciones harán que la mente dude. A menudo es tiempo suficiente para que los viejos circuitos se cuelen.

Una pregunta es otro interruptor de luz. Sólo tienes que acostumbrarte a encenderlo. Una vez que hayas profundizado el surco y se vuelva natural, agrega las otras.

Comienza con esto: «Si me amara verdadera y profundamente, ¿qué haría?».

Es fácil de recordar y se aplica a casi cualquier pensamiento o situación. Esto por sí solo ya mejorará la calidad de tu vida.

He aquí cómo profundizar el surco:

Elige una cosa que sea importante para ti. Podría ser una relación, podría ser tu salud, un objetivo personal o comercial. Luego, hazte la pregunta cada vez que participes en la actividad.

Por ejemplo, si se trata de salud, cada vez que estés a punto de comer, pregúntate: «Si me amara verdadera y profundamente, ¿qué haría?».

La respuesta te alejará de los viejos patrones a la elección, luego a la acción. Una vez que comience a sentirse natural, úsalo para otras áreas de tu vida.

He usado esta pregunta al escribir este manual. Mi compromiso es darle todo lo que tengo. Entonces, cada vez que recibo solicitudes tentadoras que me alejan de la escritura, me pregunto: «Si me amara verdadera y profundamente, ¿qué haría?». Entonces, vivo la respuesta.

Las preguntas, más que nada, te alejarán de lo que no te sirve, tanto en tu mente como en tu vida.

EL SIGUIENTE NIVEL

Primero comenzamos el surco diciendo «Me amo» con la inhalación y liberando lo que se levantó con la exhalación. Luego, cavamos más profundo y añadimos sentimiento. Esto nos alejó de la oscuridad hacia la luz.

Hay otro nivel. Estarás listo para ello una vez que notes tu cambio de exhalación. Se sentirá más limpia, más tranquila. Es hora de cavar más profundo, de nuevo.

Con la exhalación, di «gracias». Con sentimiento.

Después de todo, si te amas y experimentas magia, la gratitud es una respuesta natural. Para quién o para qué es la gratitud depende de ti. Lo que importa es el sentimiento de gratitud en sí.

Una vez más, es simple de hacer. Di «Me amo» con la inhalación, di «gracias» con la exhalación y siente la emoción de cada uno. Haz esto para el circuito mental, la meditación y el espejo.

Cuando respiras luz y exhalas gratitud, no dejas espacio para la oscuridad. Haz esto lo suficiente y, finalmente, este circuito comenzará a ejecutarse por sí solo. Ahí es donde quieres estar: donde el amor y la gratitud son expresiones naturales de cada respiración. Es hermoso experimentarlo.

Es posible que sientas la tentación de comenzar aquí y puedes intentarlo. Es tu vida y los únicos resultados que importan son los tuyos. Pero esto es lo que he aprendido: si te lanzas con todo, la mente se rebela igualmente o con más fuerza. Esas serpientes alucinadas juegan sucio. Pero si vas paso a paso, hay menos resistencia. El proceso es más suave y es más probable que tengas éxito.

Llegué aquí comenzando el surco, observando lo que se levantaba dentro, luego profundizándolo de cualquier manera que se sintiera natural. No se necesita mapa.
Al igual que cualquier otro ser humano, ya estaba cableado para el amor. Una vez que acepté esto, el surco prácticamente se cavó por sí solo.

RITUALES

En el entrenamiento básico, antes de ingresar a nuestro cuartel, teníamos que hacer veinte flexiones. No importaba si estabas exhausto o si tenías que entrar y salir todo el día. Antes de entrar, hacías tus flexiones.

Tuvimos toda una serie de este tipo. Desde el campo de tiro hasta la cafetería, siempre había flexiones para hacer. Eso por sí solo probablemente logró que más de unos pocos reclutas estuvieran en forma. Meses después, cada vez que entraba en un edificio, todavía tenía que reprimir el impulso de bajar y hacer veinte flexiones. Ese ritual había sido arraigado en mí.

Tomé este concepto y lo apliqué a la práctica. Esto tomó lo que sabía que debía hacer y lo puse en piloto automático.

Por ejemplo, cada vez que me siento a escribir, cierro los ojos, respiro hondo y siento amor por mí mismo. Siento gratitud por las palabras que vendrán. Y, dado que este circuito mental se fortalece cada vez, me cambia a amarme y las palabras fluyen.

Meditar en la mañana, diez respiraciones antes de entrar a mi edificio, diez respiraciones al despertar y antes de dormir, todos son rituales que he creado para mí.

No pierdes minutos cada mañana preguntándote si debes cepillarte los dientes o no. Simplemente lo haces. Ése es el poder de los rituales. Crean los surcos que llamamos hábitos. Y estos hábitos, tanto buenos como malos, rigen nuestras vidas.

Crea rituales de amor propio para tu mañana, tu hora de acostarte y lo que sea que repitas durante el día. Cualquier cosa, desde comer hasta reuniones de negocios. Cuanto más agregues la práctica a tu ritmo natural, más se convertirá en una parte de ti.

Por favor, no te saltes esto. Los rituales son una aplicación práctica de tu promesa. Sin ellos, lo más probable es que te encuentres posponiendo lo que necesitas. Sin rituales, corremos el riesgo de dejar que lo que tendría que venir primero venga último.

De hecho, si alguna vez estás pasando por un mal momento, pon más intensidad en tus rituales. Medita más de una vez. Haz «el espejo» cada vez que puedas. Haz de tu día una práctica constante de las diez respiraciones. Esto te ayudará a salir adelante.

RASTREO

Un objeto en reposo permanece en reposo a menos que una fuerza actúe sobre él. Esta es la primera Ley del movimiento de Newton, a veces llamada la Ley de la inercia. Un cohete en una plataforma permanecerá allí para siempre a menos que se enciendan los propulsores. Lo mismo sucede con amarnos a nosotros mismos. La promesa es la energía necesaria para el despegue.

Pero ¿cómo mantienes el cohete en marcha?

En nuestro caso, ¿cómo continúas amándote una vez que la emoción inicial ha desaparecido? ¿Cómo haces la práctica cuando las responsabilidades se interponen o simplemente no te apetece? Simplemente llevas un registro de ti mismo.

Busca un calendario y, al final de cada día, marca las distintas partes de la práctica que has realizado. Si cumples con tu compromiso completo, pon una X grande ese día. Hay una profunda sensación de satisfacción al ver una cadena ininterrumpida de X.

Nuestras mentes son expertas en elaborar historias sobre por qué la postergación está justificada. Estos son viejos circuitos mentales que luchan por la supervivencia. Es por eso por lo que ser responsable fuera de nosotros funciona. No importa la excusa, los cuadrados vacíos en un calendario no mienten. Nos hacen enfrentar la verdad sobre dónde nos estamos quedando cortos.

No hice esto cuando empecé. Pero más tarde, cuando la vida comenzó a funcionar y me volví perezoso y descuidado, descubrí que el acto de rastrear naturalmente me hizo dar un paso adelante. Fue así de fácil.

Además, es mejor corregirse antes de que lo haga la vida. Para cuando la vida interviene para llamar tu atención, la llamada de atención suele ser dolorosa.

LÍNEA EN LA ARENA

No importa cuán intensa sea la promesa, no importa el seguimiento, las probabilidades son que, en el camino, nos posterguemos. Echaremos de menos partes de la práctica. Nos pondremos perezosos y divagaremos. Es importante ser sincero con nosotros mismos sobre esto. Y tener un plan.

Primero, no te maltrates. Todavía estoy por ver una foto de un ser humano bajo el título «perfecto». Caer y levantarse es parte del contrato de estar vivo.

En segundo lugar, elige algo en la práctica que no te saltarás, pase lo que pase. Éste es tu línea en la arena (o mínimo indispensable). Es lo mínimo que harás para mantener tu promesa.

La meditación es mi línea en la arena. No importa cómo se desarrolle el día, no me iré a dormir sin hacerlo. De esta manera, incluso si no cumplo con mi compromiso total conmigo mismo, al menos conservé la parte más importante para mí. Y eso permite que el impulso continúe. Luego, al día siguiente, vuelvo a la práctica completa.

Estas líneas en la arena mantienen el impulso:

- Meditación una vez al día.
- Espejo una vez al día.
- Diez respiraciones del circuito mental diez veces al día.

Elige uno que se sienta más poderoso, luego hazlo. Pero recuerda, regresa a la práctica completa tan pronto como puedas. Ahí es donde la magia ocurre más rápido.

EN POCAS PALABRAS

Ahí lo tienes: perdónate, haz tu promesa y practícala. Todo de adentro hacia afuera.

No hay perfección aquí. No hay que forzar o tratar de hacer que algo suceda. Sólo compromiso y permitir. Dejar que entre la luz, haciendo lo que hace. Todos somos capaces de esto. No importa lo que hayamos experimentado en nuestras vidas, todos estamos preparados para el amor.

He llegado a creer que vivir de esta manera nos conecta con el flujo de la vida. En lugar de entrar en conflicto o luchar, vamos con la evolución natural de las cosas. Quizás es por eso que no sólo nuestro interior cambia, nuestro exterior también lo hace.

Después de perdonarte a ti mismo y hacer tu promesa, practica durante un mes consecutivo. Eso fue lo que inicialmente necesité para transformar mi vida. Esto también funciona para los lectores con los que he hablado.

Cuando adjuntamos nuestros compromisos al tiempo, de repente se vuelven reales. Y como resultado, es mucho más probable que suceda. Así que hazte responsable de tu promesa durante un mes. Rastrea, elige tu línea en la arena y crea tus rituales. Entrégalo todo. Es sólo un mes para amarte a ti mismo de verdad y profundamente y transformar tu vida.

El resto de este manual incluye lo que he agregado a amarme a lo largo de los años. Usa lo que se sienta bien, pero mantén la práctica como base.

LAZOS INFANTILES

Siempre he tenido momentos difíciles con las rupturas. Es como si al final de cada relación, olvidara mi propio valor e importancia. Es un surco profundamente arraigado, por eso es imprescindible un surco alternativo a través de una práctica constante. De lo contrario, la mente vuelve al sufrimiento que conoce.

Mientras hacía la meditación, me di cuenta de por qué tenía este surco. Mi padre fue abusivo con mi madre. Después de un episodio especialmente malo, ella fue de compras y no regresó. Habíamos planeado esto, ella y yo. Cuando mi padre se fue a dormir, me escabullí con mi hermano pequeño y la encontré a la vuelta de la esquina.

Mi padre me pilló. Todavía recuerdo ese momento. Mirando por esas escaleras, esa puerta cerrada tan lejos. Intenté escapar varias veces, sin suerte.

Entonces, una tarde, mi padre nos llevó a ver a nuestra madre en el parque. Nos sentamos en un banco mientras él la convencía de regresar. Pero no me dejaba tocarla. Nunca olvidaré ese sentimiento, ese dolor de querer tanto tender la mano, que ella me abrazara.

¿Te sorprende que pierda la cabeza al final de una relación? En esos momentos, no es este adulto el que actúa como corresponde y sabe cómo funciona la vida. Es ese niño pequeño, moviendo los hilos, necesitando desesperadamente amor.

Pero nadie más puede llenar eso por él. Ninguna relación, ningún objeto, ninguna sustancia ni escape. Sólo yo puedo. Así que la última vez que sucedió esto, me volví hacia adentro, cerré los ojos e imaginé a ese niño. Entonces, lo abracé y lo amé. Simplemente lo amé.

Y sabes qué, eso es todo lo que necesitaba. Él se calmó. Cada vez que tira de nuevo, yo hago lo mismo. Es otra oportunidad de amar un pedazo de mí.

Todos tenemos nuestras debilidades. Resulta que ésta es una de las mías. La tuya puede ser diferente, pero los temas son los mismos. Somos humanos y los hilos primarios del amor y el miedo nos unen a todos.

Cualesquiera que sean los lazos infantiles que descubras dentro de ti, primero, acéptalas. Son parte de tu historia personal. Te han hecho este increíble y hermoso ser humano que eres.

Segundo, ama esa parte de ti mismo. En el presente, date lo que necesitabas en el pasado y entenderás la verdad: eres lo que siempre has necesitado.

PRUEBA ESTO:
LAZOS INFANTILES

Paso 1: Siéntate o recuéstate en un lugar tranquilo. Como siempre, si puedes, elige un lugar que te haga sentir bien.

Paso 2: Cierra los ojos y haz el circuito mental. Respira el amor, exhala lo que venga. Deja que la luz fluya desde arriba. Haz esto hasta que sientas un ritmo natural.

Paso 3: Coloca tu mano sobre tu corazón. Este mismo corazón una vez latía por tu «yo» más joven.

Paso 4: Cuando estés listo, imagina al niño enfrente. Si las emociones surgen de cualquiera de ustedes, sé paciente y deja que fluyan.

Paso 5: Siente los latidos de tu corazón por un rato. Les pertenece a los dos. Estás sincronizado.

Paso 6: Luego, dale amor al niño.

Puedes sostener al niño y decirle: «Te amo, te amo, te amo...». Puedes mantenerte aparte y hacerlo. Puedes sentir que la luz fluye a través de ti y hacia el niño, disolviendo todo lo que necesita irse. Puedes estar en silencio o puedes decir tu amor en voz alta.

Los detalles no importan. Lo único que importa es tu intención: darle amor a este niño. Darle todo el amor que tienes.

Paso 7: No te sorprendas si surgen emociones reprimidas durante mucho tiempo. Libéralas y sé libre.

Paso 8: No hay nada que resolver, nada que arreglar, nada más que hacer. Una vez que hayas dado tu amor y te sientas tranquilo, abre los ojos.

Paso 9: Siente los latidos de tu corazón nuevamente por un momento. Entonces, ya terminaste.

He aquí una sugerencia: ¿Por qué limitar esto a tu «yo» infantil? No hay nada que te impida dar amor a quien eras el año pasado o incluso ayer. Esto es en especial útil si recientemente has pasado por algo difícil.

Dale a tu «yo» pasado el amor que necesitabas. Es una de las cosas más poderosas que puedes hacer.

TU FUTURO «YO»

Un día, luego de brindarle amor a mi «yo» más joven, me pregunté: «Algún día seré más viejo y sabio. ¿Qué me diría ese hombre hoy?».

La pregunta me hizo erguirme, emocionado. Mi futuro «yo» que ha pasado por todo lo que yo he pasado, y más aún. Quien tiene el beneficio de la retrospectiva que yo no tengo. Quien tiene amor y compasión por mí de una manera que sólo alguien que ha caminado en mis zapatos puede tenerlos. Quien me entiende mejor que nadie.

La respuesta fue obvia. Él haría exactamente lo que hice por mi «yo» más joven.

Así que cerré los ojos, hice el circuito mental y lo imaginé parado frente a mí. Él sonrió con una sonrisa amorosa y comprensiva. Y luego, me abrazó, besó la parte superior de mi cabeza y me dio amor.

No había nada que hacer para mí. Sólo recibir amor. Mi amor.

Hazlo.

DAR AMOR

Si alguna vez tengo problemas con alguien que me importa profundamente, hago el circuito mental, me imagino abrazando a esta persona y luego beso la parte superior de su cabeza y le doy amor. Eso es todo.

Esto me aleja de la ira, el dolor o el resentimiento. De la oscuridad, de todo. La luz fluye, sanando lo que sea que interpongo entre nosotros. Me recuerda lo que importa.

Cuando hagas esto, recuerda una cosa: el punto es cambiarte a ti mismo, no a la otra persona. Y nunca temas que, al dar amor, tengas menos para ti.

El amor no es el cuenco de un mendigo. El amor es un profundo pozo conectado con la vida misma. Cuanto más fluye a través de ti, más te transforma y más recibes a cambio.

PARACAÍDAS

A veces, amarnos a nosotros mismos puede ser lo más difícil de hacer. Especialmente si estamos atrapados en el sufrimiento. Si te encuentras allí, dite esto: «La vida me ama».

Si crees en Dios, entonces reemplaza «Vida» con «Dios». O simplemente haz de «Vida» esa chispa única que resultó en miles de millones de galaxias y, en última instancia, en ti. Esto te conecta con algo más grande que tú.

Dite esto una y otra vez. De hecho, deja todo a un lado y medita, usando esto como el circuito. Mientras inhalas, recibe la luz. Imagina que lo que dices es verdad, ponte en el lugar de cómo se siente. Esto es importante. No lo digas sólo intelectualmente, vívelo.

Libera todo lo que viene con la exhalación. Repite esto hasta que lo único que surja cuando exhales sea un simple «gracias».

Cuando hayas terminado con la meditación, regresa a ese lugar en tu cabeza cada vez que puedas. Incluso si es por diez respiraciones. Hazlo hasta que sea tu pensamiento dominante.

Esto es un paracaídas. Te ayudará. Incluso si no lo crees ni por un segundo, te ayudará. Los paracaídas funcionan independientemente de tus creencias sobre la gravedad y la resistencia al aire.

Primero, te distanciará de las historias de la mente que te quitan el poder. En segundo lugar, te llevará fuera de ti y al regalo estadísticamente notable de estar vivo. Tercero, te recordará tu propia valía para ser amado.

Una vez que hayas cambiado, vuelve a amarte a ti mismo. Pero usa esto cuando lo necesites.

MÁS GRANDE

Creo que somos parte de algo más grande que nosotros. Como chispas de un fuego mayor. Amarme me mostró eso. Hubo demasiados cambios fuera de mi ámbito de control como para racionalizarlos.

No necesitas creer lo que hago. La vida funciona como lo hace, independientemente. Pero quiero compartir cómo he usado esto para llevar la práctica a un nivel superior.

En el último capítulo, te di un paracaídas. Yo uso el mismo principio aquí. Pero en lugar de esperar hasta necesitarlo lo mezclo con amarme a mí mismo. Esto es lo que hago: cierro los ojos, siento que la luz me envuelve desde arriba, y con cada inhalación, digo: «Me amo» algunas veces. Entonces, paso a que Más Grande Que Yo me ame. Puedes llamarlo Vida o Dios o el Universo o lo que sea que te siente bien.

Cambio de una u otra frase por instinto. Lo que es más importante, me permito sentir cómo sería si me amara, además de ser amado por todo lo que es. Es absolutamente hermoso experimentarlo.

Con la exhalación, libero lo que venga. Pero me aseguro de que cuando termine, la exhalación dé un «gracias» natural. Eso es todo.

Puedes hacer esto con el circuito mental, la meditación y el espejo. Tu surco se profundizará.

REPETIR

Imaginemos que te has perdonado. Has hecho la promesa. Lo has entregado todo. Vives, respiras y haces la práctica todos los días. Te das cuenta de que no lo harás a la perfección todos los días. Lo que importa es tu intención y consistencia en el tiempo.

Quizás te castigaste cuando te resbalaste aquí y allá. Pero lo has dejado ir. Después de todo, castigarse no es lo más amoroso que se puede hacer.

Has cambiado por dentro. Tu vida ha cambiado en el exterior. Estás dando vueltas. Se acabó el mes. Tengo una pregunta para ti...

Si te amaras verdadera y profundamente, ¿qué harías?

Mi sugerencia: no pares. Por favor.

Los surcos del pasado son fuertes. No dejes que recuperen un punto de apoyo en tu conciencia. Vuelve a comprometerte. Profundiza el surco de amarte a ti mismo. Cuanto más hagas esto, más se convertirá en parte de tu ser. De quien eres.

Realiza todo el proceso nuevamente: perdónate, haz tu promesa y practica.

Si esto suena como trabajo, no lo es. Un mes te habrá mostrado magia. Acepta eso como tu nueva realidad y construye desde allí. Un mes más de amarte a ti mismo. Una realidad más elevada. Y luego otro mes...

Imagina un año de esto. No reconocerás tu vida. Te lo prometo.

SI TE ASUSTA

Una de las lecciones más transformadoras de amarme ha sido esta:

Si me asusta, hay magia del otro lado.

No puedo enfatizar esto lo suficiente. Si alguna vez existió una regla para la vida, es ésta.

Mira: cualquiera de nosotros podría llenar un libro con nuestros miedos y todas las razones perfectamente legítimas y bellamente elaboradas para ellos. Pero no nos sirven. Sólo atravesar el miedo lo hace.

Esto es lo que me dio amarme a mí mismo: reconocí el miedo por lo que era —serpiente alucinada, no útil, no real—. Entonces, me amé y salí adelante. Cada vez, magia.

Incluso si la vida no me dio el resultado exacto que esperaba, superar el miedo me llevó por caminos igualmente gratificantes, sino mejores. Por lo general, mejores.

Esta práctica de superar el miedo una y otra vez me enseñó que el miedo no es algo que siempre se debe evitar. Es una señal, como cualquier otra. Perfecto para evitar infiernos ardientes o caídas de mil pies. Pero fuera de eso, es una señal hacia donde está la magia.

Y la vida me obliga a pasar. No sé por qué, pero así son las cosas.

Prueba esto por ti mismo. Pasa a través de tus serpientes alucinadas. Es una aplicación práctica de amarte a ti mismo. Cada día, elige una y pasa. A veces tendrás que atravesar el mismo miedo miles de millones de veces. No importa. Estás profundizando el surco. Te estás convirtiendo en una persona que atraviesa el miedo.

Avanza hasta que se trate más de quien eres que de quien no eres. Hasta que sea un hábito natural. Y no te olvides de disfrutar la magia del otro lado. Te lo has ganado.

ESPERA MAGIA

Cuando comencé la práctica, mejoré por dentro. Entonces, la vida mejoró en el exterior. Empecé a experimentar sincronicidades que no podía explicar. La forma más honesta de decirlo es la siguiente: la vida simplemente comenzó a funcionar.

Cuanto más me amaba, más me funcionaba la vida en formas que no podría haber planeado. Tuve que usar la palabra «magia» para describirlo. No había mejor palabra.

Cuanto más sucedía esto, más empecé a esperar magia. No fue diferente a esperar que salga el sol por la mañana. Se convirtió en mi nueva realidad.

Pero aquí está la cosa...

No tienes que esperar a que la vida te muestre magia. De hecho, continúa amándote a todo dar, y luego espera la magia. Cuando la busques, te encontrará. Pero es útil notarla cuando comienza, en lugar de atribuirla a una coincidencia o, aún peor, no prestarle atención.

La vida te recompensa más cuando prestas atención a sus dones. Aunque suene a cliché, he descubierto que es verdad. Nuestra atención es como un foco de luz en la oscuridad. En lo que nos enfocamos se convierte en nuestra experiencia de la realidad. En pocas palabras: lo que esperas, lo recibes.

¿Quieres llevar esto al siguiente nivel? Entonces siéntete agradecido cuando experimentes magia. ¿Quieres elevarlo aún más? Siéntete agradecido antes de experimentar la magia, sólo esperándola. Entonces mira cómo la vida te la derrama. No digo esto porque suena bien. Realmente funciona. Sólo inténtalo.

Nada de esto es física cuántica. Si has vivido la vida, estoy dispuesto a apostar que has experimentado lo mismo. Entonces, «si» te amaras verdadera y profundamente, ¿qué harías?

Yo, esperaría magia y me sentiría agradecida por ella. Espero que hagas lo mismo.

Y, POR ÚLTIMO...

Cuando se me ocurrió la práctica de Amarme, fue un intento de salvarme. Soy tan afortunado de que funcionara. Pero lo que no esperaba era el renacimiento que me dio. Cómo transformo mi vida.

Mira, la vida es lo suficientemente corta. No somos más que un breve destello de luz, y luego nos vamos. Durante nuestro tiempo aquí, sólo tenemos un trabajo: brillar espléndidamente. Digo esto porque existes, debes brillar.

Hazlo por ti. Hazlo por la pura experiencia de ello. Hazlo por los que amas. Hazlo por lo que sea que creas, pero sólo hazlo. Y cuando te amas a ti mismo, brillas naturalmente.

Así que usa este manual para amarte de verdad y profundamente. Si te quedas corto, ¿y qué? Eres humano. Levántate, desempólvate y ámate aún más. A cambio, la vida lo hará.

TERCERA PARTE

LA LECCIÓN

INTRODUCCIÓN

Seis años después de aprender a amarme a mí mismo, me caí. La culpa, puramente mía.

Había pasado los dos años anteriores inmóvil, enfocándome en problemas, reaccionando a la vida en lugar de ser proactivo de adentro hacia afuera. Finalmente, la práctica se convirtió en una idea de último momento. No podía recordar la última vez que había hecho la promesa, y mucho menos haberme dedicado a ella.

Los surcos de amor propio que construí fueron lo suficientemente fuertes como para dirigir el espectáculo por un tiempo. Pero los surcos del pasado son profundos. Aflójate el tiempo suficiente, el agua fluye por esos canales nuevamente.

Mi mente comenzó a mostrar los resultados. Luego, mi vida. Sin embargo, seguí con el envión. La pereza tiene su propio impulso. Y cuanto más seguí con el envión, más evitaba lo que más necesitaba. El ego es así de complicado.

Luego, una ruptura inesperada con una mujer que amaba mucho. Caí fuertemente.

Aquí está lo bueno de caer: tu ego cae más rápido que tú. Entonces es fácil renunciar a él. Y lo hice. La vergüenza de dejar que esto suceda, de ser *la* persona que debería saber cómo actuar correctamente, de no vivir lo que literalmente escribí en un libro. Tenía que salvarme, así que lo dejé todo.

Regresé a la práctica. Ladrillo por ladrillo, camino por camino, surco por surco. Amarme de nuevo. Pero a menudo, aunque sabía cuál era el siguiente paso, peleaba. A decir verdad, me estaba castigando por haber fallado tanto en esto.

A pesar de mi resistencia, a pesar de hacerlo más difícil de lo necesario, a pesar de interferir en mi propio camino, la práctica aún funcionaba. En menos de un mes, me transformé. Amarte a ti mismo funciona, punto.

Esta sección, «La lección», es esa historia profundamente personal. Cada palabra, como el resto del libro, es cierta. Mi mayor debilidad, y una que muchos lectores también han compartido conmigo, es que una vez que las cosas se ponen bien, empiezo a seguir por inercia. Estoy compartiendo esta experiencia contigo para que no lo hagas.

Me verás caer, arañarme y luego levantarme usando los mismos principios que una vez me salvaron la vida. También entenderás los matices del viaje. Creo que esto te ayudará.

A veces, aprendemos más de los errores de los demás que de sus éxitos. No te sorprendas si consideras que ésta es la sección más útil del libro.

I

Llego a casa tras un vuelo nocturno. Podría haber tomado un vuelo más fácil, pero quería volver con ella. He estado fuera una semana y media. En el viaje a la ciudad, veo edificios de vidrio en el distrito financiero brillar bajo el sol de la mañana. Sonrío.

Abro la puerta, ella viene y me abraza. Pero no de la forma en que normalmente lo hace, donde solía correr hacia mí y agarrarse fuerte. Ella se inclina hacia mí, su agarre es débil.

—¿Qué pasa? —pregunto.

Ella ha estado despierta toda la noche, llorando. Ella me deja. Ella necesita tiempo y espacio. No está lista para el compromiso. No me desea. No siente por mí lo que siento por ella.

—No eres tú —dice ella—. Soy yo.

El mundo gira. Como si hubiera entrado, pisado una alfombra, y ella se hubiera inclinado y la hubiera arrancado del suelo. Ahí estoy, pies en el aire, cayendo hacia atrás, cámara lenta. Sin control. Y puedo sentirlo. El piso se acerca cada vez más y sé que cuando lo golpee, me romperé en mil pedazos.

Unos días después, hacemos el amor. Es el baile más incómodo que he experimentado, sabiendo que la música se detuvo. Cuando estoy a punto de acabar, me pide que no lo haga dentro de ella. Es la primera vez que ella hace eso.

Me quedo despierto esa noche, mis pensamientos son una papilla, y pienso para mí mismo que si todo importa, esto importa. Ella y yo importamos. Nosotros importamos. Pero si nada importa, entonces tampoco importa todo esto.

Quizás hay sabiduría en esto. Si nada importa en esta obra llamada vida, lo mejor es hacer mutis por el foto.

II

La noche siguiente, fantaseo con irrumpir en el departamento de un amigo mientras él está fuera de la ciudad, buscar su arma de fuego y sacarla de la vitrina con un golpe. Desactivo la seguridad. Coloco el cañón debajo de mi mandíbula, aprieto el gatillo. Hecho.

¿Cerraría los ojos en este momento o los dejaría abiertos? Esa es la pregunta que me mantiene despierto. Ese es el pensamiento con el que me quedo dormido. Por la mañana, me despierto recordando como solía ser. La magia. Algo dentro de mí dice: «Regresa a lo que funciona».

Lo dejo a un lado.

III

Es de noche. Ceno con amigos aunque casi cancelo porque no quiero hablar, pero al final voy. No los he visto por una eternidad y los amo. Tomo el tren seis hacia el norte mientras escucho videos motivacionales al azar. Lo mejor es sofocar mi mente con lo contrario de mis pensamientos.

En un video, el orador dice: «Sólo hay una opción, debes ser el mejor tú». Tiene el tono sureño de un predicador. «Escríbelo y decláralo un decreto varias veces al día».

Un decreto. Tan anticuado. Oíd, oíd... Por el presente, decreto que seré el mejor yo.

El mero pensamiento me hace estar más erguido.

IV

—Aquí están las buenas noticias —le digo a ella tres días después de la volteada de la alfombra—. Moriré. Morirás. El Sol finalmente se quemará, la Luna dejará de brillar y la Tierra será una roca opaca y sin vida.

Pausa para crear impacto.

—Las buenas noticias... nada de esto habrá importado.

Más tarde, me doy cuenta de lo que sucede cuando no te importa nada. Te vuelves intrépido. No es tan malo. Luego pienso en la pistola de mi amigo y me imagino que esa versión de intrépido probablemente no sea la mejor.

Aquí está el problema del dolor emocional: es algo real. Te pierdes en eso. Podrías estar atando tus cordones, y de repente, todo lo que tienes son recuerdos e imágenes y pensamientos confusos que pasan por tu mente. Como un tren que pasa volando mientras estás parado en la plataforma, sintiendo la explosión del viento. Excepto aquí, el viento es como un corte, cortando y cortando.

—Vuelve a tu presente —me dijeron mis amigos durante la cena—: el dolor es cuando estás en el futuro en tu cabeza.

Les había estado diciendo lo que ella había dicho ese día, sobre los hombres con los que quería salir después de mí. Luego, cambié el tema a lo que podría hacer. Ir a México o a algún lugar, borrarme del mapa por un tiempo. Mis amigos son una pareja casada, Cheryl y Michael. Ellos sonrieron.

—Un día a la vez, cariño —dijo Cheryl Richardson, una de las mujeres más sabias que he conocido—: cuando vayas al futuro en tu mente, simplemente pon tu mano sobre tu corazón y dite a ti mismo: vuelvo a esto. Vuelvo a esto.

Todavía no lo he probado, pero sé que lo haré. Tengo que hacerlo.

V

Lo intento. Ha pasado una semana desde la volteada de la alfombra. Pongo mi mano sobre mi corazón, lo siento latir y repito: «Regreso a esto». En unos segundos, he cambiado la frase y en su lugar digo: «Regreso a mí. Regreso a mí».

Más tarde, en la ducha, cierro los ojos bajo el agua y el tren pasa volando. Una ira se eleva dentro. Devuelve mi corazón, *pum, pum... pum, pum*, me digo a mí mismo, «regreso a mí, regreso a mí».

Y por ese breve momento, el tren desaparece.

VI

Es el día ocho desde la volteada de la alfombra. Ella no se ha mudado todavía. Son las vacaciones de Navidad y es difícil encontrar un lugar en el último momento.

Después de ducharme y vestirme, le llevo el *mousse* para cabello y le pregunto: «¿Puedes?». Es un ritual que teníamos. Ella frotaba suavemente la espuma en mi cabello, peinándolo, y yo cerraba los ojos y sonreía y me sentía tan amado.

Ella toma la lata y hace esto mientras la miro a los ojos. «Voy a enfrentar esto», pienso. «No huiré». La miro fijamente y cuando termina, me besa suavemente. Mañana me cortaré el pelo, así que no necesitaré esto. Al día siguiente, viajaré a San Francisco para ver a la familia. Se me ocurre que hoy podría haber sido la última vez que hacemos esto.

VII

Mi amigo James llama y dice que mantendrá el timbre encendido por la noche.

—Nunca lo hago —dice—. Pero quiero que sepas que estoy aquí para ti.

Lo he visto pasar de angustia en angustia desde que lo conozco. Pero la tendencia es esta: se cae. Es impresionante. Después de cada ruptura, hace su práctica diaria con fuerza. Finalmente, su vida es mejor que nunca.

Su práctica diaria es ésta: física, mental, emocional, espiritual. Haré esto. Lo he visto hacer maravillas para él.

Para lo físico, haré ejercicio cada dos días y comeré saludable. Sin alcohol, es un depresivo.

Para lo mental, escribiré a diario. Tomaré este dolor y energía y crearé algo a partir de ello. Además, en el trabajo, cada día tomaré lo que más he pospuesto y lo haré. Esto me moverá hacia adelante.

Para lo emocional, pasaré tiempo de calidad con al menos una persona al día. Esto me hará salir de mi cabeza.

Para lo espiritual, cada vez que me pierdo en mi cabeza, girando y cayendo, pondré mi mano sobre mi corazón y volveré a mí mismo.

Por la noche, acostado en la cama, le digo:

—Tienes suerte.

—¿Por qué?

Es patético y llorón y odio decirlo, pero lo hago de todos modos.

—Porque sólo tienes una noche más de esto.

—No digas cosas así —dice ella.

—No hagas cosas así —le digo.

Ella se queda callada. Me acuesto en la oscuridad, con la cabeza girando, coloco mi mano sobre mi corazón y suavemente, me digo a mí mismo: «Regreso a mí. Regreso a mí. Regreso a mí...».

VIII

Es el día antes de mi vuelo. Ella ha encontrado un lugar y se mudará mientras estoy en San Francisco. Desperté deseando que este día no existiera, que pudiera borrarlo.

Mientras está fuera, llamo a Cheryl.

—Necesito que me recuerdes las verdades —le digo.

Estuvo de gira con Oprah por un año. Ni siquiera el adjetivo «sabia» comienza a describirla. Ella tiene un nivel de percepción incomparable, y lo necesito desesperadamente.

—La angustia desencadena el viejo abandono —dice ella—. Es el niño pequeño quien lo experimentó, y todos lo hacemos, y está aterrorizado. A esa edad, tus padres lo son todo, y la sensación de abandono significa la muerte.

Esto me detiene. Siento que soy yo quien sufre, no un niño olvidado hace mucho tiempo. Pero lo que ella dice, incluso si es una pequeña fracción de esto, suena bien.

—Tu niño necesita saber que puede confiar en ti. Que lo cuidas. Eso es lo que debes hacer. Cada momento duele mucho, cada vez que creas pensamientos dramáticos sobre el futuro, ve a tu corazón. Coloca tu mano allí y dile: «Te tengo». Eso es todo lo que necesita.

Cuando cuelgo, lo hago. «Te tengo, puedes confiar en mí. Te tengo. Te tengo».

Voy al gimnasio. Veo a un hombre trabajando duro y le digo:

—Impresionante.

Nos hemos encontrado antes, nunca hablamos. Se acerca, sonríe y saca su teléfono al sitio web del gimnasio.

—Mira —dice—: ese soy yo.

Es el miembro destacado del mes. A la izquierda, foto de un tipo fuera de forma. A la derecha, hoy en día, musculoso.

—Impresionante, digo de nuevo.

—La transformación requiere trabajo —dice.

Lo miro estúpidamente.

—¿Puedes repetir eso?

—La transformación, requiere trabajo.

—La cita de la semana, hombre —le digo—. La cita de la semana.

Cuando hablé con Cheryl antes, ella dijo:

—Tienes uno de los mejores corazones del planeta.

Lo asimilé. ¿Qué me costará creerlo? ¿Dios tiene que separar los cielos y golpearme? ¿O una iluminación en el lecho de muerte?

Para renacer, debes morir primero. Y esto seguro se siente como la muerte. Ya no voy a minimizar más lo que esas personas que respeto ven en mí.

—Protege tu corazón —dijo—. Dale lo que necesita.

Lo haré. Sin importar lo que cueste. Lo haré.

IX

El problema con la angustia es que parece que nunca terminará. Estás abatido por las emociones, los recuerdos y las proyecciones, y justo cuando estás desparramado por el suelo, otra ola te golpea. Sigue y sigue.

Ella regresa de sus mandados, me abraza.

—Mi amor —le digo. Algo que siempre nos hemos llamado.

Ella retrocede y sonríe, callada. Eso es suficiente. Arrancar esta tira adhesiva me dolerá, pero debo hacerlo.

Le cuento lo que dijo Cheryl sobre mi corazón. Luego digo:

—Necesito salvar este corazón. No sé cómo o si podré, pero necesito salvarlo.

Ella asiente. Sé que ella me ama, pero su mente está decidida.

—Voy a salir —le digo—. Tengo un corte de pelo a las cinco. Regresaré a las seis. Quiero que te vayas y no estés aquí cuando regrese. Porque cuando regrese, necesito sentir, escribir, empacar y enfrentar esta ruptura.

El color en su rostro cambia.

—Vuelo mañana por la mañana, puedes volver entonces. Y cuando muevas tus cosas, no me dejes nada. Sin nota, sin regalos, sin registro de nosotros. Nada.

Puedo decir que ella no esperaba esto.

—Sé las lecciones que crees que vas a aprender —le digo—. Y también conozco otras lecciones que aprenderás y que no querías. Eso es tuyo. Salvar mi corazón, es mi responsabilidad.

Me paro cerca, la miro profundamente.

—Este es un hombre que habría estado a tu lado toda tu vida. No tienes idea de qué es el amor. —Entonces, no puedo evitarlo—. Si decides que este es el corazón que deseas, entonces comunícate.

Ninguno de nosotros parpadea.

—Lo último —le digo—. Es lo único que realmente te pido. Usa tu casco.

Le encanta andar en bicicleta en la ciudad y siempre la molestaba para que usara un casco. Todavía la amo profundamente. Nada ha cambiado para mí excepto una cosa: voy a salvarme.

Agarro una chaqueta y salgo, sin mirar atrás. Bajo las escaleras, en lugar de esperar el ascensor. Me conducen al sótano y tengo que caminar hasta el tercer piso y bajar por el ascensor, haciéndome sentir un poco tonto, pero no me importa.

Salgo a la noche, caminando más erguido de lo que lo he hecho en mucho tiempo.

X

«Eres un hombre magnífico», me dijo Cheryl una vez. Me sorprendió que alguien a quien admiraba y respetaba tanto pensara en mí. Desearía haberle creído profundamente.

Decido que crearé un archivo, pondré todos los cumplidos sinceros que reciba y luego me los repetiré como verdad. Es un regalo que otros me han dado. Si me ven así, ¿qué derecho tengo para no verlo en mí mismo?

Entonces, comienzo la lista:

1. Soy un hombre magnifico.
2. Tengo uno de los mejores corazones del planeta.

XI

Regreso a las 6:16 p.m. En el ascensor, me encuentro anhelado que ella se quede. Por cualquier razón, incluso si fuera para un mejor adiós, pero mientras camino hacia mi departamento, la esperanza se evapora y lo sé.

Abro la puerta de un departamento oscuro. Dejó una vela encendida junto a la ventana. Si no fuera por las circunstancias, disfrutaría el ambiente. Entro al departamento, apago la vela y grito al techo. Cada pieza de mí quiere explotar.

Luego me acuesto en el sofá y miro las paredes con estupor hasta que me quedo dormido. Cuando me despierto, cambio la foto de la pantalla de inicio en mi teléfono. Solía ser una de ella, mirando a la cámara, con la cara inclinada, sonriendo.

La reemplazo con un loto que se abre al sol de la mañana.

Luego, me desplazo por Twitter sin pensar hasta que me detengo en una foto publicada por Dwayne Johnson, The Rock. Es uno de sus infames entrenamientos matutinos. Sudoroso, haciendo una mueca, está poniendo toda su fuerza para levantar la barra de sentadillas cargada.

Este es un hombre que, en su juventud, fue excluido de la Liga Canadiense de Fútbol Americano. Sus sueños de seguir una carrera en la Liga Nacional de Fútbol Americano se desvanecieron. En ese largo viaje a casa en la camioneta de su padre, hojeó su billetera para encontrar siete dólares.

Se quedó sentado en el departamento de sus padres durante dos semanas, sintiéndose mal por sí mismo. Entonces, terminó. Es hora de reinventarse.

Entró en la lucha profesional, comenzando desde cero, y le dio todo lo que tenía. El resultado: una de las carreras más exitosas en la lucha profesional. En el apogeo de su fama, se fue para convertirse en actor.

Cada vez que se reinventaba, usaba el mismo libro de jugadas: se entregaba por completo. Después de que sus primeras películas fallaran y que no fuera tomado en cuenta, aún se mantuvo fiel a su visión.

Hoy es una estrella de cine de gran éxito. Sus películas constantemente rompen récords en todo el mundo. Y el nombre de su estudio de cine: *Seven Bucks Productions*.

Me desplazo a través de su página. Fotos de él con fanáticos, fotos de él en el *set*, fotos de él haciendo ejercicio. Siempre sonriendo. Está dedicado a su esposa e hijas. Su ética de trabajo es legendaria. Ha pasado por momentos difíciles, pero siempre se ha levantado.

Leí una cita suya: «Si te doy mi palabra para hacer algo, se hace».

Es obvio que esto no sólo se aplica a los demás, sino que mantiene su palabra para sí mismo. Vive un nivel de excelencia que es raro.

Algo que he aprendido: crecer rápido, encontrar a alguien que admires y luego modelar lo que sea que te inspire.

La excelencia será mi modelo. Eso es lo que quiero de esto.

«Sé excelente», me digo a mí mismo, mi voz hueca en el oscuro departamento.

En este momento, parece muy lejano. Pero al menos tengo algo por lo que continuar.

XII

En el aeropuerto, a punto de dejar mi equipaje registrado, me congelo. No quiero ir, algo dentro me suplica. No quiero ir. No quiero ir. Como un niño pequeño, suplica y suplica, aterrorizado. A mi alrededor, los pasajeros y la tripulación se apresuran a tomar sus vuelos, vivir sus vidas, bailar su baile. Nada importa.

Pero ¿qué voy a hacer? ¿Correr a casa y rogarle que se quede? ¿Cuándo, en la historia de la humanidad, eso ha funcionado alguna vez? Además, no quiero que ella esté conmigo por culpa o súplica, sino porque su corazón quiere el mío. Si ella quiere su libertad y yo la amo, debo dejar que la tenga.

He vivido lo suficiente como para saber que la vida se vuelve incómoda cuando intentas forzarla a atravesar del pequeño agujero de tus deseos. Debo alejarme de esto. Ya sea porque no tengo otra opción o simplemente porque debo salvarme.

Dejo caer mi maleta y luego me siento en la puerta de embarque, esperando abordar mi vuelo.

En este momento, solo en un aeropuerto abarrotado, una vez más recuerdo la forma en que solía ser. La magia que sentí. La seguridad de haber descubierto cómo funcionaba la vida. Y, sin embargo, aquí estoy, miserable y sin vivir lo que escribí. Disgustado conmigo mismo por haber caído tan bajo.

XIII

Casi pierdo mi vuelo. Resulta que cambiaron la puerta de embarque y estaba en otro mundo cuando hicieron el anuncio. Para cuando me pregunto por qué nadie está abordando, es casi la hora de partir.

Reviso el monitor, luego camino rápidamente hacia la nueva puerta de embarque. Pero no corro. Hay una parte de mí a la que no le importaría perder el vuelo. Atribuírselo al Universo, entonces.

No hay tanta suerte. Llego a tiempo, embarco y me duermo en mi asiento antes del despegue. Cuando me despierto, el ala está rozando las nubes y la tierra más abajo está cubierta de nieve. Me duermo nuevamente por un tiempo y me despierto con el sonido del bebé más ruidoso del mundo. Ríe, llora, grita. No más horas de sueño.

Pienso en ella. Sé que podría escapar y encontrarme en los brazos de otra. O diez. Raramente funciona. Eso es lo que pasó con nosotros. Ella terminó un matrimonio y yo fui la siguiente parada.

—Estadísticamente —dijo James cuando me vio—: las probabilidades estaban en tu contra.

No soy tonto. Yo sé estas cosas. ¿Pero cuándo las estadísticas alguna vez guiaron el corazón humano?

Me enamoré de ella y ella de mí. Fuimos amigos cercanos durante dos años, luego juntos durante casi un año.

—Eres mi mayor amor —me dijo—. Puedes confiar en mi amor, quiero que te relajes por completo.

Todo esto justo antes de partir para mi viaje. Aquél del que volví al día de voltear la alfombra. Después, ella admitió que tal vez yo sólo había sido un lugar de refugio para ella.

Mirando hacia el cielo abierto, todavía estoy aturdido por lo rápido que algo que una vez se sintió tan apretado puede relajarse. El bebé se ríe y sigue.

Me escapo al baño. Mientras me lavo las manos, me miro en el espejo, profundamente en mis ojos. Lo siguiente que sé es que estoy susurrando: «Me amo, Me amo, Me amo».

Lo repito una y otra vez hasta que se apodere de mi mente.

XIV

Cuando regreso a mi asiento, algo dentro de mí está más tranquilo.

Pienso en la pistola de mi amigo. Quedan muchas maneras de salir del escenario. Para relajar mi vida en un instante. El capitán anuncia el descenso. En ese momento, decido que haré «el espejo» cada vez que tenga la oportunidad.

El avión está cerca del aterrizaje. Es muy tarde para volver al baño. Entonces, entrego mi corazón, miro las doradas colinas invernales del norte de California y me digo a mí mismo, «Me amo, Me amo, Me amo...».

XV

Aterrizo, tomo un Uber. Se siente extraño mientras el auto circula por San Francisco. Ésta fue mi casa una vez, muchos recuerdos. Hoy es un lugar que visito.

Llamo y ella contesta. Le digo lo que siento. Que la amo completamente. La quiero. Quiero crear algo hermoso desde este lugar, juntos. Ella está llorando, diciendo que esto es difícil para ella e imagina que podría ser más difícil para mí.

No respondo a eso. Mi sufrimiento sólo empeorará el de ella. Sólo repito quién es ella para mí y que la quiero. No suplico, sólo la verdad.

—Lo siento —dice ella—: pero necesito hacer esto.

No hay argumento en contra de eso. Tampoco discutiré con ella para que se quede. Quiero que venga a mí con su corazón. Ella lo sabe.

—Quiero que te cuides —dice ella.

Cuando termina la conversación, miro fijamente hacia la bahía y luego el Uber me deja en el departamento donde me quedaré. Está casi vacío, los ocupantes se han mudado recientemente. Las plantas que quedan están muertas. Se adapta a cómo me siento.

Si trato de descubrir sus razones, siento dolor. Si pienso en dónde estará en el futuro, siento dolor. Si pienso en dónde estuve con ella en el pasado, dolor. Si pienso en estar sin ella, adivina qué, más dolor.

El futuro es igual al dolor. El pasado es igual al dolor. Entonces debo volver al presente y darme amor. Cada oportunidad que tengo.

Me paro junto a la ventana, miro el infame puente de color óxido, pongo mi mano sobre mi corazón y trato desesperadamente de amarme de la manera que conozco. Me lo repito.

XVI

Me ducho y voy a la fiesta de cumpleaños de mi hermano. Es la razón por la que estoy en San Francisco. No iba a asistir, cansado de todos los viajes antes de este viaje, pero ella se muda y esto le da espacio y evita que me vuelva loco viéndola hacerlo.

Todos están aquí. Mi madre radiante de orgullo cada vez que se para a mi lado y a mi hermano. Somos sus muchachos.

—Mira este lugar, mamá —le digo, rodeándola con el brazo.

Esta es una de las casas más bonitas en las que he estado. Y todavía recuerdo haber sido un niño, cuando estábamos en la calle, sin lugar a dónde ir.

—Todo gracias a ti, mamá —le digo.

Antes de que ella pueda responder, la beso en la cabeza y me alejo. Si pasamos más tiempo juntos, ella sentirá mi dolor y preguntará. No quiero poner eso sobre ella. A veces, creo que una madre siente el dolor de su hijo más agudamente que el niño mismo.

Durante el resto de la noche, cuando alguien pregunta dónde está mi mujer, esquivo y desvío. A unos pocos, les digo lo que está sucediendo, pero no dejo que la conversación vaya más lejos.

Con una, no puedo. Aniela Gregorek. Ella y su esposo, Jerzy, huyeron del estado comunista en Polonia y han estado juntos por más de cuarenta años. Ambos son entrenadores olímpicos de levantamiento de pesas que entrenan a clientes famosos. Ambos también escriben poesía, el tipo de líneas claras y honestas que obtienes de aquellos que han vivido la opresión y han luchado por sus vidas.

—Veo la tristeza en tus ojos —dice ella.

Casi me vengo abajo, pero mantengo la compostura. Esta es una celebración, no una fiesta de lástima. Le cuento lo que pasó. Ella sonríe suavemente y pone su mano sobre mi corazón.

—Ése es tu regalo —dice ella—. Mantén esto abierto.

Estoy haciendo todo lo posible para no descomponerme frente a todos.

—Es difícil —digo—: y me duele mucho.

Ella me acerca, me abraza por un largo rato. Cuando retrocedo, sus ojos están húmedos.

—¿Estás escribiendo? —pregunta ella.

Asiento.

—Bueno. Lleva esto a la página. Ayudará a otros.

XVII

A medida que la fiesta termina, charlo con Tabreez, un chico dulce que he conocido antes. Me cuenta lo que está aprendiendo de otros líderes: la forma en que vemos la vida.

El primero: **la vida me sucede a mí.** Este es el lugar donde con normalidad vivimos, especialmente como víctimas.

El segundo: **la vida sucede por mí.** Esto altera todo. Buscas lo bueno que te está dando la vida, incluidas las lecciones.

El tercero: **la vida sucede a través de mí.** Donde fluyes con la vida y ni siquiera tienes que buscar lo bueno porque lo estás experimentando.

El hombre salió de la nada y me entregó un regalo envuelto con un lazo brillante. No podría haberlo pedido, no tenía idea de lo que necesitaba. Pero aquí está. Un mapa. Punto A al punto B al punto C. Cómo pasar de la víctima a la magia. Todo lo que tengo que hacer es cambiar mi mente.

XVIII

Me despierto a la mañana siguiente y miro la vista. Un petrolero que perezosamente cruza la bahía de San Francisco. Cielo azul, pájaros por todas partes. El puente es hermoso.

Me doy cuenta de que las plantas que pensé que estaban muertas podrían no estarlo. Están secas y estériles. La naturaleza luchando por vivir. Así que tomo la única taza que tengo en este departamento y las riego. Mientras esté aquí, les voy a dar amor.

XIX

Debo ser fiel a mi compromiso de hacer ejercicio cada dos días. Entonces llamo a los gimnasios locales, encuentro uno dispuesto a venderme un pase temporal por las vacaciones y me dirijo allí.

Alex, el tipo encargado de la membresía, trata de charlar mientras alista las cosas para mí. «¿Quiero suscribirme a un *pack*?». No estoy interesado. «¿Un entrenamiento personal especial?». No estoy interesado.

—Sólo quiero levantar cosas pesadas —le digo.

Quiere mostrarme dónde están las clases y los estudios.

—Sólo las cosas pesadas —le digo—. Eso es todo lo que quiero ver.

Da el recorrido más corto de su vida. Reviso el estante para sentadillas y me aseguro de que las pesas suban lo suficiente, eso es todo. Me inscribo.

Hago mi entrenamiento, pero un poco diferente, gracias a Aniela. Anoche, cuando le conté mi rutina actual de movimientos compuestos solamente, ella sugirió esperar más tiempo entre secciones.

—No estás trabajando lo suficiente si no necesitas descansar mucho.

Estaba acostumbrado a descansar menos de un minuto. Cualquier cosa más allá de eso y me aburría. No estaba en el gimnasio para sentarme. Quería mover el peso, exigirme.

—Eso es resistencia —dijo—. Empuja más fuerte, descansa más, tres minutos entre series. El cuerpo necesita reiniciarse para presionar nuevamente. Eso es poder.

Esa última parte me llamó la atención:

—Lo intentaré.

Así que lo hago. Y es asombroso. Empujo más peso, mejor forma, y para cuando termino, mi cuerpo se siente diferente que antes. Puedo sentir mis músculos impactados por el asalto.

A veces, es bueno saber que no eres sólo una cabeza flotando. Eres un ser físico. Cómo haces esto es empujando tu cuerpo. E incluso si es sólo por esos momentos, te saca de tus pensamientos.

Salgo. Está lloviendo y los paraguas están en plena floración. Levanto la cabeza hacia el cielo y siento el agua en mi cara.

XX

He estado pensando en la muerte. Qué sorpresa. El tema
con la muerte es su irreversibilidad. Una cuchilla afilada
que corta la vida, cortando a quien se haya ido. No se
puede hablar con ellos, hacer reparaciones, decir las cosas
que no se dijeron. Se han ido y eso es todo.

Hace un tiempo, intenté meditar sobre la muerte cada
mañana. Había leído que los samuráis hacían esto,
haciéndolos intrépidos en la batalla. Lo hice por un tiempo,
me volví perezoso y me detuve. No tuve batallas para
montar. Mis días fueron demasiado seguros.

Pero me siento en el departamento vacío por la noche y
me doy cuenta de que la seguridad es una ilusión. Es la
mayor ilusión jamás realizada. Hay una cosa que es real y
es la muerte. Se para frente a mí, a un paso.

Cada momento que vivo, doy un paso hacia la muerte.
La muerte sonríe, retrocede. Doy un paso adelante, la
muerte retrocede un paso. Yo adelante, la muerte atrás, yo
adelante, la muerte atrás. Paso a paso a paso. Y luego, doy
un paso adelante y la muerte no se mueve. Le pertenezco.

Miro a la luna. Es enorme esta noche e ilumina la
bahía. Si mi corazón se detuviera en este momento y
yo cayera, la vida exprimiéndose fuera de mi cuerpo
y una visión tubular a través de un agujero de alfiler,
¿estaría recordando el día de la volteada de la alfombra y

cuánto me dolió, o me aferraría a la luna por última vez y pensaría cuán hermosa es?

XXI

Mientras camino por la ciudad, me encuentro con un lugar de crioterapia. Nunca lo he hecho, pero he querido hacerlo, así que entro. Lo siguiente que sé es que estoy parado en ropa interior en un tubo cilíndrico que se llena con aire refrigerado por nitrógeno.

—¿Cómo estuvo? —pregunta el asistente cuando salgo.

—No está mal —le digo—. Sólo fueron tres minutos. Sin embargo, me duele un poco el estómago.

—Eso es porque el cuerpo acumula sangre en tus órganos. Está tratando de sobrevivir.

Cuando le creas estrés al cuerpo, responde. Primero, en modo de supervivencia y la sangre fluye a los órganos vitales. Pero a medida que pasa el estrés, se adapta. No tiene otra opción, está hecho de esa manera. Levantar objetos pesados en el gimnasio es el mejor ejemplo. Tus músculos responden fortaleciéndose. Quizás sea lo mismo con la mente.

El mío está en modo de supervivencia. Pero a medida que se adapte, se hará más fuerte y estaré mejor. Sólo tengo que seguir así. No importa qué pensamientos vengan o a qué vuelva una vez que ella se mude, pase lo que pase. Día a día. Sólo mueve el maldito peso.

XXII

Brumosa mañana en San Francisco. Un día antes de Navidad, las calles están casi vacías. Mi mente sigue yendo a los «¿y si...?». ¿Y si yo hubiera sido así? ¿O de esa manera? ¿Qué pasa si hubiera hecho esto o aquéllo? ¿Qué pasaría si en el día de la volteada de la alfombra hubiera sido más fuerte? ¿Qué pasaría si...?

Eso es veneno, me doy cuenta, viendo a un corredor solitario en la llovizna. Y no hay verdad allí. La verdad es ésta: lo que es.

Lo que es, es lo que pasó. No hay una sola cosa que pueda hacer al respecto. Es el pasado. Y el pasado está muerto. Hecho. La única pregunta es, ¿quién voy a ser hoy? Eso es.

XXIII

Está lloviendo mucho. Miro desde las ventanas de la sala. Los árboles en San Francisco todavía son verdes en invierno. Mis pensamientos son un revoltijo. Recuerdo el mapa: de *a* mí a *a través* de mí. Necesito cambiar mi mente.

Vuelvo a un hábito: diez respiraciones para amarme. Cada vez que mi mente queda atrapada en el pasado, el futuro o lo que sea, tomaré diez respiraciones profundas y completas. Con cada inhalación, me diré, *me amo*. Siempre que pueda, me haré sentirlo. Eso es todo.

Pero...

Si mi mente tartamudea y vuelve a la confusión, reiniciaré el contador y comenzaré de nuevo. Incluso si se necesitan cien respiraciones para alcanzar diez respiraciones ininterrumpidas, haré esto. Cada vez.

«Apuntaré a la excelencia en mis pensamientos», me digo. Hago esto por un día. Es difícil, pero lo hago. Pero por la noche, recaigo.

El dolor golpea más fuerte por la noche. Éramos felices. Nos amábamos ¿Cómo puede estar pasando esto? Intento cambiar a amarme, pero es casi imposible. El dolor es físico y real en mi pecho.

Entonces lo dejé ser. Le digo el dolor: «ven si lo deseas, te enfrentaré». Y lo hace. Me revuelve, me sacude, y cuando pasa, todavía estoy allí. Entonces, hago las diez respiraciones.

XXIV

Sí, sucedió la volteada de la alfombra. Sí, volé para atrás, el piso cada vez más cerca, sabiendo que una vez que lo golpeara, me rompería. Pero aún no lo he golpeado.

No tengo que seguir cayendo. No tengo que romperme. Es una elección.

Recuerda esto: eres más poderoso que tus ilusiones.

XXV

Cierro los ojos y siento el fuego consumiéndome, quemando todo lo que no es.

XXVI

Una vez le pregunté a un monje cómo encontró la paz.

—Yo digo que sí —dijo—. A todo lo que sucede, yo digo que sí.

Lo último que mi mente quiere hacer es decir que sí. Está atascada en lo que debería haber hecho, reproduciendo el pasado, a veces desplegando una versión más fuerte de mí, otras veces mostrando lo patético que era.

Mi mente está gritando un fuerte NO a la vida.

Pero necesito decir que sí. A lo que es. Todo ello. Si deseo estar en mi poder, no tengo otra opción. De lo contrario, sigo siendo una víctima.

XXVII

Ella me llama la tarde de Navidad.

—Acabo de ver tu mensaje —me dice.

El mensaje al que se refiere es un mensaje de texto que envié esta mañana. «Esto es difícil, mi amor», había escrito, «realmente muy difícil».

—Vi tu mensaje —dice de nuevo—: y me siento mal.

—No es la intención —le digo—. Fue un momento de debilidad.

—¿Te estás cuidando?

—Estoy siendo yo —le digo—. Estoy escribiendo, haciendo ejercicio, estoy mirando al cielo y pensando.

Habla un poco y luego dice:

—Hay una parte de mí que quiere pasar mi tiempo amándote, pero esto se siente bien. Necesito tiempo y espacio.

—Entonces debo apoyarlo —le digo—. Te quiero. Así que sólo puedo darte lo que necesitas.

Me estoy dando cuenta de que esto también es difícil para ella. No es necesario crear historias sobre ella que no sirvan a ninguno de nosotros. No rebajaré el amor que tuvimos. Sólo seré yo. Y mientras tanto, si ella es incapaz de amarme o salvarme, me salvaré. Me amaré a mí mismo.

XXVIII

Entonces, la vida por ti. ¿Cómo se llega allí?

Decides que no eres una hoja al azar que se balancea en el viento de otoño. Hay un patrón en las cosas, algo más grande que tú. No importa si tienes pruebas o no, decides que así son las cosas.

Luego, busca lo que funciona, lo que tienes, por lo que deberías estar agradecido si no estuvieras tan atrapado en tu mente. No importa si es minúsculo o mayúsculo. El acto hace que pases de lo que has perdido a lo que tienes y lo que estás ganando.

Hago esto. Enumero todo lo que tengo. Los saludos navideños en mi teléfono de tantos que me aman. Luego, lo que estoy ganando. Me estoy enfocando en mi cuerpo y mente de una manera que no había hecho en mucho tiempo. Diablos, todos estos días sin apetito han hecho que mis abdominales sean los mejores en años.

De repente, me río. Llevaba meses quejándome de necesitar un retiro de escritura. Excepto que no sabía a dónde iría y sobre qué escribiría. Bueno, problema resuelto.

Aquí está pasando algo bueno. No estoy seguro de a dónde va, lo cual lo hace difícil, y ahí es donde entra la confianza en la vida. Simplemente levanta el peso.

Sintiéndome un poco mejor, camino hacia Marina Green. El gimnasio está cerrado y necesito mover mi cuerpo. Entonces hago carreras cortas. No las he hecho en años. Las hago con tanta fuerza que varios corredores hacen una pausa para verme pasar.

Una vez que termino, luchando por respirar, contemplo la puesta de sol sobre el puente. Finalmente, jadeo la única palabra que sale: gracias.

Se la repito a lo que sea aquel Más Grande Que Yo. Gracias. Gracias. Gracias.

XXIX

Las mañanas son difíciles. Me despierto con la fría y cruda realidad de lo que es y mi mente salta inmediatamente a lo que sucede. Entonces voy a las diez respiraciones. Las hago con desesperación.

Cuando los mamíferos respiran, toman oxígeno vital y liberan dióxido de carbono tóxico. Estoy haciendo lo mismo. Con cada inhalación, me digo a mí mismo: *me amo*. Con cada exhalación, libero lo que esté adentro.

He empezado a imaginar la luz fluyendo hacia mí desde arriba con cada inhalación.

La muerte todavía está en mi mente. Ahí está, haciendo señas con ese dedo huesudo. Respiración por respiración, doy un paso adelante. Ella retrocede. Sólo hay una garantía: en algún momento, una respiración será la última.

Esta mañana, mirando la bahía, espero que sea de amor.

XXX

El sello distintivo de una víctima es que todo gira alrededor de ti. «Esto me pasó a mí». «Ella me lo hizo a mí». Y así sucesivamente.

¿Qué hay de ella? Todos tienen sus razones y dolor, conocidos y desconocidos. Esto también le está sucediendo a ella. Quien soy para ella es lo que le estoy haciendo. Y quien soy para mí es lo que me estoy haciendo.

Depende de mí detener esto. No puedo controlar ni ser responsable de la mente y las acciones de otra persona. Sólo de las mías. Entonces debo trabajar en mí mismo. Tengo el mapa.

En lugar de que algo me suceda a mí, hazlo así: yo soy quien le sucede a ese algo.

Elijo quién soy. Elijo venir de un lugar de poder. Desde un lugar de amarme verdadera y profundamente. Eso le está sucediendo a ese algo. Mira qué resulta.

XXXI

Empiezo a meditar. Algo que no he hecho en serio en más de un año. Pongo una pieza musical que me hace sentir bien. Con cada respiración, siento que la luz entra en mi cuerpo desde arriba y me digo a mí mismo, «Me amo». Luego exhalo lo que sea necesario. Todo el dióxido de carbono de la mente.

La mente divaga, por supuesto, pero la música se convierte en el ancla, recordándome sutilmente lo que estoy haciendo y, a medida que se acerca el final, ese tiempo se acaba. Eso naturalmente relaja mi mente. Desea desesperadamente esta paz también.

Esta meditación me centra más que cualquier otra cosa. Es especial, por mí, puramente por mí.

XXXII

Mi padre golpeaba a mi madre y cuando yo intentaba pelear con él, se volvía contra mí hasta que mi rostro estaba ensangrentado y ella le rogaba que se detuviera. Después de que lo dejamos, fui abusado. ¿Acosado? Podría escribir un libro de texto.

¿Todo esto me hizo una víctima? Quizás.

Pero ya no soy un niño. Y un adulto sólo tiene dos opciones: víctima o héroe.

Hace mucho tiempo, tomé la decisión de ser lo segundo. Me uní al ejército, fortalecí mi cuerpo, aprendí artes marciales. Mi infancia me transformó en el hombre ferozmente leal que soy. Me dio la sensibilidad y la profundidad para escribir los libros que escribo.

Estoy muy orgulloso de ese chico que sobrevivió para ser este hombre. Tomó lo que sucedió y creó algo bueno. Se convirtió en el héroe de esa historia.

Es hora de volver a tomar la iniciativa, hacer la elección nuevamente. Sé el héroe de esta historia.

XXXIII

Si una persona o situación abandona tu vida, no cambia quién eres. Sólo tú te conoces. Y si no estás satisfecho con algún aspecto de ti mismo, entonces usa esta energía emocional. Exprime cada fibra. Ya no te pasa a ti. Tú le pasas a ello.

Quémate como el ave Fénix. Da el máximo. Conviértete en excelente.

O, como comencé a preguntarme últimamente: «¿qué haría The Rock?».

XXXIV

Las diez respiraciones se están volviendo más naturales. Encuentro que me siento mejor. Cada vez que paso un espejo, ya sea en el baño o en el gimnasio, camino hacia él y me miro a los ojos y siento amor por mí mismo. Incluso estoy más erguido, con la cabeza en alto.

Aunque no todo el tiempo. Los «¿y si...?» pasan zumbando constantemente. Son mis inseguridades, apareciendo, vestidas como proyecciones de ella sin mí. Diciéndome que yo no era suficiente para ella.

Miedos, todos ellos. Serpientes alucinadas colgando del techo.

No es útil, me digo a mí mismo. Irreal. Lo único que es real es lo que es. Y es que estoy empezando a ser excelente. Y no importa a dónde vaya ella, se va a perder mi excelente yo.

Al menos mi sentido del humor está empezando a regresar.

Pero, aunque casi puedo imaginar un futuro en el que seguiré mejorando, hay un obstáculo por delante. Una vez que las cosas mejoren, me sentiré cómodo y entraré en la inercia. Lo he hecho muchas veces en mi vida.

Pero esta vez no. La excelencia no funciona por inercia.

Mi mayor fortaleza es mi creencia en el poder del compromiso. Cada logro sustancial en mi vida es el resultado de ello. Finalmente tendré que usarlo aquí.

XXXV

Un amigo me envía un mensaje de texto, ofreciendo un viaje solo para muchachos en enero. Sé lo que eso significa: fiestas y mujeres. Entonces me pregunto: «si me amara, ¿qué haría?».

La respuesta es clara. Las distracciones alimentan el vacío y mi corazón necesita sanar. Paso.

Esta pregunta me regresó durante la meditación, y comencé a usarla regularmente. La mejor parte es el «y si...». Es perfecto para esos momentos en los que no me estoy amando exactamente. De todas maneras recibo la respuesta que obtendría si lo hiciera.

Tan sencillo. Tan efectivo. Así son las mejores cosas.

XXXVI

Un pensamiento pasa zumbando: necesitaba esto.

Había estado a la deriva durante mucho tiempo, sin esforzarme, principalmente en seguía por inercia. Ya no. Es como si me hubieran dado una bofetada para despertar. Me siento crudo y real como nunca. Cada día está marcado por un intenso enfoque en amarme. En ser excelente.

El pensamiento no dura mucho. Pero, aun así, se siente muy bien.

XXXVII

La mente sólo puede mantener un pensamiento a la vez. Y cada vez que repito un pensamiento con emoción, lo refuerzo, aumentando la posibilidad de que regrese. Así que mis futuros pensamientos y emociones dependen de mí. Les estoy preparando las pistas en este momento.

Levanto mi rostro hacia el sol, cierro los ojos y siento que la luz aleja todo lo que no es. Y todo ese tiempo, me digo a mí mismo: «Me amo. Me amo. Me amo».

¿Por qué luz? Porque la luz es vida. Pregúntale a cualquier planta.

Incluso de noche o al meditar, siento la luz. Me imagino que las estrellas y galaxias fluyen hacia mí y a través de mí. La luz siempre está disponible. Se está convirtiendo en una parte fundamental de amarme.

Mi nombre, en el idioma que se le dio, significa loto. Una flor que se eleva a través del fango y se abre a la luz. Y luego, según las historias antiguas, Dios descansa en los pétalos.

La luz me abre, me cura, me libera. Todo lo que tengo que hacer es recibirlo.

XXXVIII

Es de mañana. La alarma suena. Salgo de un sueño, la mente ya comienza su dolor y su rutina, y hago las diez respiraciones. Lenta y profundamente. En lugar de causar estragos en la mente, estoy imponiendo mi voluntad. Estoy a cargo, estableciendo las vías, profundizando los surcos. Esto es excelencia en mis pensamientos.

Luego, tomo un café y medito. Me abre a la luz como nada. Para cuando la música termina, algo dentro de mí está resuelto.

El resto del día lo vivo momento a momento. Escribo con una energía que nunca había tenido. Cuando voy al gimnasio o hago carreras cortas, me esfuerzo mucho y descanso mucho en el medio. Me hace sentir como un animal físico.

Donde va la cabeza, sigue el cuerpo. Pero viceversa también. He aquí una solución.

XXXIX

Un amigo me envía un mensaje de texto al azar. No hemos hablado en meses.

—¿Cómo estás de salud?

Hace medio año, le conté una versión básica de un problema con el que había estado lidiando: una conmoción cerebral que resultó en meses de dolor debilitante y luego dolores de cabeza recurrentes. Nada más allá de eso, mi ego me impidió profundizar.

Pero si algo debe romperse, debería ser mi ego. Me impide ser real. Me impide aceptar la ayuda que ofrece la vida. Lo llamo y le informo.

—Qué curioso —dice cuando termino—. Esta mañana, pensé en cómo puedes solucionar esto. Por eso te escribí un mensaje de texto.

Es un maestro en optimizar la salud. Puedo ver una luz al final del túnel.

—Te ayudaré —dice—. Vamos a reunir todos los resultados de la prueba y establecer un plan. Lo haremos semana a semana. Lo bueno es que sé que realmente lo implementarás.

Él conoce mi creencia en el poder del compromiso. Una vez que me decido, lo doy todo. Es tanto una fortaleza como una debilidad en las relaciones, lo cual voy aprendiendo dolorosamente. Deberían ganarse mi lealtad, no sólo recibirla porque los amo. Pero olvida las relaciones. Olvídala a ella. No me está salvando. Eso lo haré yo.

XL

Estoy enojado. Claro que lo estoy. Con ella. Con lo que pasó. Conmigo mismo. Con la vida

«¿Por qué no pudiste dejarme ser feliz?» ruego a la vida en mi cabeza. «¿Por qué no pudiste hacerme crecer así cuando estábamos juntos?». O, el que más me atormenta, «¿cómo pudo haber sucedido esto?».

La vida no responde. O tal vez, si lo hace, estoy gritando demasiado fuerte para escuchar.

La ira sólo me destruye. Entonces, cada vez que siento enojo o desesperación, y hay momentos a lo largo del día, vuelvo a las diez respiraciones.

Además, no puedo dejar que esto disminuya quien soy. Soy un hombre amoroso y de corazón abierto, y eso es todo. En esto está el poder. Y pase lo que pase, no rebajaré mi amor por ella racionalizándolo. El amor es lo que es. Se necesita fuerza para seguir amando a la persona que te hirió. No hay debilidad en esto.

Cada vez que vengan la ira o el dolor, dejaré que se apoderen de mí, y una vez que pasen, todavía estaré allí, de pie. Siendo yo. Entonces, cambiaré a la luz.

XLI

Voy a ver a Jerzy, él me entrena. Esto es algo a otro nivel, levantamiento de pesas olímpico. Fuerza, en este caso, es la mayor cantidad de trabajo que puedas hacer en el menor tiempo posible. Las cargadas y arrancadas exigen todo lo que tu cuerpo tiene. Tal fuerza transforma el cuerpo. Puedo sentir que mis sistemas internos se despiertan y se conectan.

Es lo mismo con la mente. Podría extender durante un mes lo que estoy haciendo para amarme. Un poco aquí, un poco allá, o sólo cuando tengo ganas o tengo la fuerza. Pero eso es resistencia. ¿Y quién quiere simplemente soportar la vida?

Además, no me daría este progreso que estoy sintiendo. Lo sé muy en el fondo. La misma solución se aplica tanto para el cuerpo como para la mente: sumérgete, dale todo lo que tienes.

—Te diré mi filosofía —dice Jerzy después de la sesión—. Una palabra: mejorar.

Eso describe perfectamente dónde estoy.

—Si quieres ver la filosofía de alguien —dice—: mira su vida. Todos estamos viviendo nuestra filosofía. Nuestra vida es el resultado.

XLII

Si pudiera flotar sobre la Tierra y ver cómo se desarrolla la historia, todo el drama humano desde el pasado hasta el presente girando ante mis ojos, y luego posar mi mirada exclusivamente en mi «yo» físico, sentado allí con dolor, ¿qué diría?

¿Diría: «Adelante, sufre»? Lo dudo.

Sería amable conmigo mismo. Me miraría a los ojos con profundo amor y diría: «Está bien. Suelta. Deséale lo mejor, deséale el bien y suelta. Quédate a la luz y confía en la vida».

XLIII

Después de que Jerzy y Aniela huyeron de Polonia, aterrizaron en la ciudad de Nueva York prácticamente sin dinero. Primer día, su equipaje fue robado. Pero tenían sus prioridades. Tenían que encontrar un gimnasio e ir a entrenar.

Fueron al Ejército de Salvación, encontraron ropa, pero el único par de zapatillas que le quedaba bien a Jerzy era de color rosa brillante.

—Costaban un dólar —dice, riendo—. No tuve elección. Tuve que comprarlas.

En el gimnasio, la jaula de sentadillas estaba ocupada por dos hombres grandes, ambos levantando pesas muy pesadas. Pero su postura era la equivocada. Sus espaldas estaban redondeadas, apenas soportando el peso.

Tratando de ser útil, Jerzy se acercó y les dijo que tenían que arreglar su postura. Lo miraron, luego bajaron la mirada a sus zapatillas rosa brillante y comenzaron a reír.

—Entonces, qué hacer —dice—. A veces, no sirve de nada explicar. Sólo tienes que mostrarlo.

Agarró la barra cargada e hizo tres arrancadas perfectas. El mismo peso que los había hecho caer. Después de eso, cada vez que veían a Jerzy, eran sus mejores amigos.

Lección uno: nunca juzgues a un hombre por sus zapatos.

Lección dos: si la gente duda de ti, simplemente sé excelente.

XLIV

Momento de debilidad, le envío un mensaje de texto. Ella me responde. *Bla, bla, bla*, te mereces lo mejor *bla, bla, bla*.

Lo miro por un momento, todavía sorprendido de cómo, después de todo lo que has compartido, alguien puede cambiar su comportamiento tan rápido. Pero así funciona ella, yo no. Yo seré yo.

Saco la lista que empecé. No le he agregado nada, excepto un comentario de un amigo.

Añado el que me hizo ella.

1. Soy un hombre magnifico.
2. Tengo uno de los mejores corazones del planeta.
3. Me veo genial
4. Merezco lo mejor.

Este tipo está empezando a sonar excelente.

XLV

Estoy cenando con mi familia en un lugar de *shabu-shabu* en la calle Lombard. Celebramos los cien días del nacimiento de mi sobrino. Está profundamente dormido en un portabebés en el pecho de su madre. Su hermano mayor se sienta a mi lado, golpeando su iPad con palillos.

—Nacer es algo terrible —dice mi hermano—. Ahí estás, cómodamente acurrucado en el útero, todas tus necesidades satisfechas. Tienes movimiento a veces. Hay música a veces. Tienes toda la comida que quieres y, de repente, las paredes comienzan a apretarse y el agua se ha ido. Completamente. Y te empujan y te exprimen y hay todas estas luces y ruido...

—Y te abofetean —le digo.

—Te abofetean. Estabas todo perfecto y contento y ahora te están abofeteando.

Todos se ríen. Está muy lúcido esta noche.

—Nadie quiere nacer —dice, mirándome fijamente—. Tienes que ser expulsado.

El hombrecillo de cien días se despierta y llama la atención de todos.

Mi hermano vuelve a dirigirse a mí:

—Joe se mudará a Los Ángeles.

Joe es un nuevo amigo de mi hermano. Siempre positivo y optimista.

—Le gustará —le digo. San Francisco dejó de ser el bastión del amor y la apertura hace mucho tiempo. El sur de California es el lugar ideal para vivir en estos días.

—Sí —dice—. Te sorprenderías, es realmente inteligente. ¿Adivina a qué se dedicaba?

—Física cuántica—digo, probablemente la cosa más extravagante que se me ocurre.

—Estaba en la mafia.

—Estás bromeando. ¿Joe?

—Cuando tenía diecinueve años. Era de bajo nivel, entraba y salía de la prisión, pero notaron que era inteligente, por lo que dijeron que lo enviarían a la escuela de Leyes, y cuando saliera, sería el abogado de la mafia.

—Empleo de por vida —le digo, riéndome—. No es un trabajo al que se pueda renunciar fácilmente.

—Y él deja embarazada a una niña. Ella decide quedarse con el bebé. Entonces nace el hijo de Joe y cree que su vida ha terminado. Tiene que cambiar, no puede tener un hijo cuyo padre está en la cárcel, así que dejó la mafia.

Esa es una gran historia. Ni siquiera puedo imaginarme a Joe cruzando la calle sin usar la senda peatonal, y mucho menos en la mafia.

—A veces —dice mi hermano— lo que crees que es lo peor que te ha pasado resulta ser lo mejor que te ha pasado.

XLVI

No estoy feliz. No estoy sonriendo. De hecho, a menudo me siento fatal cuando la extraño. Pero estoy mejor. No se puede negar. Sólo han pasado unas pocas semanas, pero siento que me he despojado de toda una vida de basura. Me siento real por primera vez en mi vida.

Por momentos, me pregunto si la vida realmente me hizo un favor. Estoy seguro de que ya no estoy dormido. Tengo un enfoque intenso en amarme. Mi escritura está fluyendo. Mis entrenamientos están mejor que nunca.

The Rock aprobaría cómo estoy haciendo las cosas.

XLVII

Estoy motivado porque estoy en modo de supervivencia. Luego de un tiempo, me quedaré sin combustible y seguiré por inercia. Es la naturaleza humana. Es mi naturaleza. Y no importa el progreso que estoy haciendo, todavía estoy en las ligas menores. Pronto será el momento de avanzar a las grandes ligas.

¿Como llego hasta ahí? Compromiso.

XLVIII

Una de las mejores cosas de la meditación es que vienen las ideas. Respuestas a preguntas que ni siquiera sabía que tenía. He aquí una que recibí esta mañana: «El amor que tengo por ella es puro y hermoso. Es hora de darme este amor».

Hay que tener cuidado con estas ideas. La mente es complicada, se escabulle por las puertas traseras. Lo que podría parecer una respuesta podría ser que la mente haga lo suyo. Así que aquí está la manera de resolver eso. Pregúntate: ¿es esto miedo o es amor?

Si tienes miedo, ya sabes la respuesta. No es real, no es útil, serpiente alucinada.

Si es amor, entonces aplícalo.

XLIX

Me he dado cuenta de que las cosas están empezando, bueno, a funcionar. ¿Estás enfrentando problemas de salud? La persona adecuada envía un mensaje de texto de la nada, ofreciendo ayuda. Un encuentro salva una inversión, una que hubiera perdido de otra manera. Etcétera.

¿Coincidencias? Seguro. ¿Sincronicidades? Por qué no. Pero aquí está la cosa: decidí creer que no soy una hoja solitaria en el viento. Soy parte de algo más grande que yo. Si ese es el caso, entonces esto no debería sorprenderme en nada.

Cuando te amas a ti mismo, la vida también te ama.

L

No he tomado una gota de alcohol. Mi consumo de redes sociales es nulo. Cero conversaciones intrascendentes. Depresores, todos ellos. Dióxido de carbono de la mente.

Pascal dijo una vez que los problemas de la humanidad provienen de la incapacidad del hombre para sentarse en silencio en una habitación a solas. Bueno, adelante, amigo. Lo tengo.

Enfrentar al fuego elimina todo lo que no es. Lo que queda es el verdadero «yo». Y aunque mi mente quiera distraerse, no la dejaré. Esto es muy importante Soy muy importante.

La idea de que soy demasiado importante me toma por sorpresa. Sólo alguien que se ama pensaría esto. Por primera vez en lo que parece ser una eternidad, sonrío.

LI

Me he estado amando con una intensidad desesperada. Para salvarme. Para salir del dolor. Para evitar recuerdos y proyecciones de ella. Pero ¿y si en lugar de ser un medio para un fin, amarme es el fin?

Esto nunca se me habría ocurrido cuando comencé. E incluso si se me hubiera ocurrido, no habría estado listo. Pero tal vez hay capas para amarme, y tengo que pasar por cada una para llegar a la siguiente. Como un videojuego donde subes de nivel.

Entonces decido que me amaré puramente por mí mismo. No para sobrevivir. No para sanar. Y no para ella.

Me amaré porque soy digno de mi propio amor.

LII

Víspera de Año Nuevo. Voy a dar un paseo. Es una noche tempestuosa en San Francisco. A medida que la caminata termina y doblo la esquina hacia el departamento, veo a una pareja afroamericana de más edad que se toma fotos. Él lleva una parka. Ella una falda negra brillante, vestida de punta en blanco.

—¿Quieren una foto juntos?

Ella sonríe enormemente.

—Sí. Eso sería genial.

Ella me entrega el teléfono y se acurruca contra él. Se abrazan como lo hacen los amantes de toda la vida. Una dulce familiaridad. Tomo cuatro fotos y para la última, digo:

—Dense amor.

Él la besa. Ella está radiante. Les devuelvo el teléfono. Me lo agradecen y me desean un feliz año nuevo. Empiezo a alejarme, pero por alguna razón me detengo.

—Estoy pasando por una decepción amorosa —les digo. El viento azota con plata mis ojos—: y es... es lindo ver el amor. Así que gracias.

La mujer pone sus manos sobre su corazón.

—Oh —dice con tanta amabilidad—. Rezaremos por ti.

—Gracias. Cualquier elogio es más que bienvenido en estos momentos.

Regreso al departamento oscuro y me dirijo directamente a mi computadora portátil y escribo esto.

LIII

Día de Año Nuevo. El año pasado, para estas fechas, me hice preguntas específicas sobre lo que quería y escribí las respuestas. Mirando hacia atrás, muchas de ellas se hicieron realidad. Ese es el poder de decidir lo que quieres y decirlo claramente.

Estoy empezando a recordar que la vida comienza de adentro hacia afuera. Si me concentro en lo que hay dentro, el resto se resolverá solo. Así que este año, haré algo diferente. En lugar de objetivos a alcanzar, decidiré quién quiero ser. Y luego lo manifestaré claramente.

Me pregunto: «Si me amara verdadera y profundamente, ¿quién sería?».

La respuesta es clara: sería excelente.

Entonces me pregunto: «¿Qué requeriría esto?».

Nuevamente, respuesta clara: amarme ferozmente.

LIV

Prueba esto por un momento...

Uno: tus pensamientos y emociones crean tu estado interno.

Dos: tu estado interno influye en tu estado externo.

Tres: tu estado externo afecta tu vida.

Entonces, si uno lleva a dos, que lleva a tres: tus pensamientos y emociones afectan directamente tu vida.

Volvamos el reloj, veamos cómo me funcionó. Después de la lesión en la cabeza, estaba viviendo la vida desde un lugar donde me protegía. No empujaba contra nada.

Me dejaba arrastrar por los acontecimientos, en lugar de sucederles.

Si ése es mi estado interno, ¿cómo resultará mi vida?

Si tuviera que ser brutalmente honesto —y debería serlo, es un regalo que me hago a mí mismo—, me había sentido impotente desde la lesión. Entonces, ¿cómo afectaría esto a mi vida? Las semillas crecen donde se plantan.

¿Cuál es la lección aquí?

Haz lo que sea necesario para sentirte poderoso de adentro hacia afuera. Para sentirte en control. Sentir que yo le sucedo a las cosas. Decidir que sólo yo soy responsable de mis sentimientos, mis emociones y, en última instancia, de mi vida. De cada pieza individual.

Lo que sucedió, sucedió, y no hay nada que hacerle. Es hora de plantar semillas nuevas.

LV

Entonces, ¿cómo plantar semillas nuevas? Sencillo.
Hay que comenzar con la base: mis pensamientos y emociones. Ya sea ira, dolor, celos, cualquier forma de miedo, oscuridad, todo. Ya sea amor por mí mismo, luz. *Sé así de claro*. No hay espacio para el término medio.

Cambiar a la luz cada vez que puedo. Obligarme a sentirla. Una y otra vez. Ya lo he estado haciendo, pero hacerlo con mayor intensidad. No sólo estoy plantando semillas, sino que les estoy dando el alimento que necesitan.

Amarme a mí mismo es poder. Pero no es algo de una sola vez. Al igual que los entrenamientos, debe hacerse de manera consistente, tal vez mientras viva. ¿Y qué? Si esta es la solución, es una muy buena. Valgo la magia que resultará.

LVI

Es hora de tomar las riendas de mi salud. Mi amigo el que envió el mensaje de texto está preparando un programa para mí. Pero en lugar de esperar, voy a visitar a Matt Cook, el mejor médico de medicina regenerativa del país. De todos los médicos que vi el año pasado, él es el único que obtuvo resultados.

Realizamos pruebas que muestran que he mejorado desde la última vez que lo vi. Lo más importante, mi estado mental es proactivo, más que reactivo. Esto ayuda con la curación.

Mientras estoy allí, termino charlando con Lisa, una amable enfermera que trabaja duro, asegurándose de que todos los pacientes estén cómodos. Pero hay dolor en sus ojos. Su hijo murió de una sobredosis de heroína hace meses.

Ni siquiera puedo imaginar su dolor. Sería como un incendio forestal en comparación con mi fósforo. Pero también me recuerda algo: todos conocen el dolor. Puede venir en diferentes formas o en diferentes momentos. Pero viene. Es una parte fundamental de la experiencia humana.

El dolor no me hace único. Me hace humano. Y no importa lo que esté experimentando, no estoy solo. Muchos lo han sufrido antes que yo. Como dijo el poeta romano: «Soy un ser humano, por lo tanto, nada humano es extraño para mí».

Me sorprendo al contarle por lo que estoy pasando, incluso las fantasías sobre la pistola de mi amigo. Ella respira hondo, me muestra su brazo: piel de gallina.

—Ya no estoy allí —le digo—. Esos pensamientos pasaron.

Ella me da un abrazo largo y fuerte. Los pensamientos me sorprendieron cuando llegaron. Había trabajado en todos estos temas y creía que habían quedado atrás. Pero quizás los pensamientos suicidas no son diferentes a una adicción. Puedes dejarla atrás, pero si se tropieza con un contenedor lleno de drogas, la tentación levantará la cabeza.

La solución es crear nuevos surcos tan potentes que, incluso si surgen patrones antiguos, se debiliten. No duran mucho. Y los nuevos surcos se aseguran que no te claves esa maldita aguja.

LVII

Paso tiempo con Barb, la gerente del consultorio de Matt. Es una mujer sabia que recibió múltiples trasplantes de órganos y superó las predicciones de todos los médicos de vivir una vida activa y saludable. También es practicante de *qigong* y me ofrece una sesión. Lo tomo. Quien se ama acepta la ayuda ofrecida.

Me acuesto en una mesa de masaje mientras ella trabaja en mí. Cierro los ojos y me quedo dormido. En algún lugar en ese espacio entre el sueño y la vigilia, siento que acabo de morir y voy a encontrarme con Dios. Dios es una luz brillante en un vasto y vacío espacio. Me acerco más a la luz.

—¿Cómo estuvo la vida? —pregunta Dios.

—Bastante bien —le digo. Luego digo—: Gracias. —Lo digo en serio.

—No fue lo suficientemente buena —dice Dios.

La luz se convierte en una pared de ladrillo brillante que llega hasta el cielo, bloqueándome aún más.

—Ve a vivir magníficamente —dice Dios.

LVIII

Los sueños tienen una forma de iluminar cuán profundo es la madriguera. Después de la volteada de la alfombra, tuve la primera pesadilla de mi vida. Estaba siendo torturado por un verdugo desconocido mientras la gente se paraba y observaba. Desperté jadeando en voz alta: «¿Cómo podría suceder esto?».

Si estuviera elaborando esta historia como ficción, etiquetaría el sueño como demasiado dramático.

—Naah —me decía a mí mismo mientras lo editaba—: definitivamente cliché.

Pero tu subconsciente te encuentra donde estés.

Solía estar orgulloso del hecho de que nunca había tenido pesadillas. Pues, eso no duró. Parece que todos tienen un punto donde su seguridad se rompe. Este desamor fue el mío.

Pero incluso en esta red hay hilos de oro. La amaba. Realmente la amaba.

Una vez le dije:

—No sólo te amo hoy. Te amo dentro de treinta años.

La amaba de adentro hacia afuera. Esto, lo sentía hasta lo más profundo. Siéntete orgulloso de ser un hombre que puede amar a su mujer tan profundamente.

Poco a poco me despierto y le digo a Barb que morí en mi sueño.

—Entonces este es tu renacimiento —dice ella.

Los sueños pueden mostrar que te estás cayendo. Pero también muestran cuando estás subiendo.

LIX

Es de noche. Me siento en la oscura sala de estar y miro por la ventana. Oakland brilla a través de la bahía. La mayoría de las noches pasan portacontenedores iluminados como árboles de Navidad. Esta noche, no hay movimiento.

Pongo mi mano sobre mi corazón y me digo suavemente: «Te amo. Te amo. Te amo. Te amo».

Me estoy hablando a mí mismo, por supuesto, pero hay otra capa. El «yo» actual le está hablando a un «yo» más joven.

Hice un ejercicio hace mucho tiempo en el que imaginé volver con el niño que fue abusado. En una versión, lo salvé y le arranqué la cabeza al abusador. Literalmente. En otra, fui al niño que se escondía avergonzado y lo sostuve y le prometí que lo protegería.

Hice varias versiones, pero en cada una, era el hombre en el que me convertí quien regresaba a salvar al niño. En esencia, a decirle:

—Te tengo. No dejaré que nadie te lastime.

Lo hice con otras partes de mi infancia, otros recuerdos. Todos esos ejercicios ayudan. Pero he aprendido que no son una cura definitiva. La psique es demasiado matizada.

Necesito reforzar cualquier curación que experimente. Que sea un proceso constante. O, mejor aún, doblarlo todo en una práctica que cubra todo. Y eso es amor.

LX

Hay algo que necesito hacer que he estado posponiendo. No importa, porque estaba en modo de supervivencia. Al igual que el cuerpo desplazando la sangre de las extremidades a los órganos vitales. Pero para pasar al siguiente nivel, debo hacer esto: perdonarme a mí mismo.

Por todas las formas en que fallé, por todas las formas en que podría haber sido mejor, por todos los errores que cometí, por todo lo que tengo en mi contra. Es hora de tirar el peso, dejarlo ir.

Así que lo hago. Agarro un cuaderno y escribo frase por frase lo que venga. Empiezo cada una con «me perdono a mí mismo por...». Hago esto hasta que no quede nada. Luego, lo leo en voz alta varias veces, sintiendo el peso de lo que he estado cargando.

Una vez que termino, me ato las botas y me dirijo hacia Marina Green. Allí, me siento en los escalones que conducen al agua y agrego a la lista. Lo que me sorprende es que surge algo más que lo que he estado recriminándome de los eventos recientes. Resulta que había una capa más profunda. Pero tuve que pasar por esto para descubrirla.

Termino con estas oraciones: «Me perdono porque me amo. Me perdono porque merezco amor, alegría, compasión y una vida magnífica. Me perdono porque la vida me ama».

Lo leo todo en voz alta hasta que algo se modifica dentro de mí y sé que he terminado. Arranco la página. Luego, salto a las rocas, encuentro una que me llame la atención y envuelvo el papel con el antifaz para dormir de un vuelo. El paquete se siente fuerte y sólido en mis manos.

Miro hacia la bahía. Puente Golden Gate a la izquierda, Alcatraz a la derecha. La infame isla carcelaria brilla bajo el sol poniente. Pero la prisión más grande jamás creada no fue construida con piedra y cemento. Es la mente.

Lanzo el paquete al agua, lo veo caer y se ha ido. Se acaba de ir. Entonces, hago las diez respiraciones. Pero en lugar de lo habitual, digo «gracias» con cada respiración y siento que la luz entra naturalmente desde arriba. Algo ha cambiado. En lugar de tratar de hacer que la luz entre, la estoy recibiendo.

Me alejo, mis botas dando pasos firmes en la acera.

LXI

Tendré que hacer este ejercicio en el futuro muchas veces. La naturaleza de ser humano significa que muy probablemente no llegue a ser quien puedo ser. Pero eso está bien. Cuanto más me amo, menos suciedad acumularé. Menos tendré que soltar.

Piensa en ti mismo como un brote que atraviesa la tierra y se eleva, luego se estabiliza. Luego se eleva y finalmente se estabiliza nuevamente. El patrón se repite. Es a través del amor propio que te levantas. Es a través de perdonarte que superas las mesetas. Creces y mejoras, acercándote cada vez más a la luz. A la mejor versión de ti.

LXII

Fuera del gimnasio, llamo a un amigo en Nueva York. La última vez que hablamos fue el día después de la volteada de la alfombra. Le cuento lo que he estado haciendo, este obsesivo enfoque en amarme.

—Es increíble —dice—. Pareces muy diferente. ¿Cuánto tiempo ha pasado?

Tengo que pensar mucho. Se siente como toda una vida.

—Tres semanas.

—Tu voz es diferente —dice—. Es como si fueras poderoso o algo así.

—Eso es gracioso. «Poder» es una palabra en la que me he centrado últimamente.

—Hablar contigo... es como si lo estuvieras irradiando.

No iría tan lejos, pero es un buen pensamiento.

—Todavía es difícil, hombre. Tómatelo día a día.

—Hmm —dice antes de quedarse callado por un momento—, si hubieras sido así cuando ella te hizo eso, ¿qué hubieras hecho?

Ni siquiera tengo que pensarlo.

—Le diría que merezco algo mejor y que deberíamos resolverlo juntos. Porque todavía nos amamos. Nos debemos lo que tenemos. Pero si ella no quisiera, entonces la dejaría ir. Con amor. Soy un hombre increíble y su elección es suya. No es mía.

Mi turno para estar en silencio.

—Y seguro que no lo habría dejado crear o desencadenar inseguridades. Me enfocaría en quién soy y simplemente sería eso.

—Me suena poderoso —dice.

—Siento que me han despertado a bofetadas —le digo—, como si toda esta basura hubiera sido arrancada. Mis dolores de cabeza se han ido. Soy proactivo con respecto a mi salud, hago lo que sea necesario y estoy mejorando rápidamente. Puedo sentirlo en mi cuerpo.

—Eso es amarte a ti mismo —dice.

Cuelgo el teléfono y veo pasar el tráfico. Sí, me estoy amando a mí mismo. Sí, estoy empezando a sentir mi poder. Y todo se siente bien. Pero está teñido de tristeza. Extraño la forma en que se relajaba en mis brazos cuando la abrazaba. Extraño esos simples momentos de amarla. Y de ella amándome a mí.

Dejo que el extrañarla resbale sobre mí. Permitirme sentir también es amarme a mí mismo. Luego entro al gimnasio y doy a las pesas todo lo que tengo.

LXIII

Me despierto con el pensamiento: «Me pregunto qué de bueno experimentaré hoy».

Sale de la nada. Sólo un gentil saber que así es como la vida se está volviendo para mí.

LXIV

Lo que hizo todo esto más difícil fue que no lo vi venir. Tal vez ella me lo dijo y no la escuché. O ella simplemente se hartó. O tal vez realmente salió de la nada. Sea lo que sea, eso es todo, y aquí estoy, otra mañana, mirando por la ventana a la bahía.

Nubes grises que se mueven rápido, el agua de un verde casi azulado. Mástiles de veleros amarrados se balancean con fuerza en el viento. Pienso en la muerte otra vez, el mayor descanso. Uno que muchos nunca ven venir. Sin embargo, allí está, claro como el día, parado frente a mí, esperando mi próximo aliento.

Quizás la muerte es el mejor regalo que tengo en mi vida. Cada momento que doy un paso adelante, ella retrocede. Nunca sé cuál será el último. Sin embargo, vivo como si me quedaran millas por recorrer cuando, en realidad, sólo me podrían quedar centímetros.

No necesito que me despierte una bofetada una y otra vez. Sólo tengo que mirar la muerte en sus órbitas y dar un paso adelante con un propósito, sabiendo que el próximo no está garantizado.

Si vivo de esta manera no tendré más remedio que ser el mejor yo.

LXV

Me acuesto en el sofá y escucho una charla de Wayne Dyer en YouTube. Era amigo de Cheryl y a menudo encabezaban conferencias juntos.

—Si eres lo que piensas —dice—: entonces debes tener mucho cuidado con lo que piensas.

Me gusta la firme convicción de la verdad en su voz.

—Si quieres atraer lo que es bueno en tu vida, pero estás hablando de lo que falta y estás pensando en lo que falta, continuarás expandiendo lo que falta.

Definitivamente tiene mi atención.

—Nunca hablo de lo que falta en mi vida. Sólo pongo mi atención en lo que tengo la intención de crear.

Me siento. Acaba de desbloquear el siguiente nivel.

—Sea lo que sea que quieras atraer a tu vida, dite a ti mismo «Está en camino». Tres palabras. Simplemente tatúalas dentro de tus párpados.

Luego, dice algo de lo que me enamoro.

—¿Por qué algunos de nosotros hemos aprendido a decir «con mi suerte», y que eso signifique que las cosas no van a funcionar? ¿Por qué no dirías, y lo transformarías en hábito: «con mi suerte probablemente aparecerá más rápido de lo normal»? Esto es lo que sucede: a medida que comienzas a cambiar tu forma de pensar, sólo puedes actuar según tus pensamientos. Y a medida que comienzas a actuar sobre ese pensamiento, comienzas a convertirte en un colaborador con el destino.

Acaba de aclarar cómo me he estado sintiendo últimamente. Que la vida está funcionando por mi bien. Punto de referencia dos en el mapa de Tabreez.

Después de que termina el video, siento que, aunque Wayne falleció hace unos años, acaba de hablarme directamente a mí. Esa es la belleza de la era moderna.

La sabiduría y los mapas de otros están disponibles para nosotros. Vivirlos, esa es nuestra elección.

LXVI

Estoy en el baño, preparándome para la cama. Me miro en el espejo y me acerco. Un intenso amor se eleva por dentro. Guau, pienso, mirándome a los ojos. «Guau. Son muy hermosos. Como lo es el hombre que mira a través de ellos. ¿Cómo podía haberlo olvidado?».

El amor por mí mismo fluye. No hay intentos, no hay que repetir nada. Simplemente fluye.

LXVII

Y, como si mi mente tuviera un gran sentido del humor, recaigo al día siguiente. El extrañar me atraviesa con fuerza. Camino, apenas capaz de mantener todo en orden. Las diez respiraciones son como rocas rodantes cuesta arriba. Pero me las arreglo para preguntarme: «¿Qué haría The Rock?».

Iría a hacer un entrenamiento completo. Así que lo hago. Al menos estoy cuidando mi cuerpo. Gracias Sr. Rock.

Regreso al departamento y medito. Cerca del final, cuando la música termina, una voz profunda dentro de mí dice:

«Vas a pasar por esto fantásticamente». El pensamiento se siente verdadero. Algo dentro de mí se relaja.

Si fuera inteligente, me quedaría en ese lugar. Lo haría durar tanto como pudiera. Repetiría las diez respiraciones. En cambio, la llamo y le dejo un mensaje.

—Ha sido un día duro —le digo—: y sólo necesitaba conectarme contigo.

Mi voz comienza a resquebrajarse.

—Yo sólo deseo... lo que daría por regresar a casa, nuestra casa, y que tú estuvieras allí y yo pondría mi cabeza cerca de tu corazón. Nuestro hogar.

Solía colocar mi oreja sobre su pecho, escuchar su corazón. Eso era mi hogar. Siento que ha sido arrancado.

—Tu corazón —le digo—. Mi hogar.

Estoy sollozando. No estoy guapo.

—Momento de debilidad —digo—. Momento de debilidad.

Después, me quedo allí por mucho tiempo. Estaba planeando salir a ver a un amigo, pero algo dentro de mí dice: «No, quédate en este espacio. Siéntelo. Esta noche es muy importante».

Entonces, en lugar de distraerme, me quedo. Doy una vuelta por el departamento, miro por las ventanas y hago las diez respiraciones. Ya no hay rocas, pero sí piedras. Estoy cansado de este sufrimiento. He terminado.

Y luego, sé lo que debo hacer.

LXVIII

Agarro un cuaderno, lo giro para que quede apaisado y escribo en el papel: «Prometo amarme con todo lo que tengo, en mis pensamientos, mis acciones, mis palabras, porque soy digno de un amor profundo y pleno».

Lo fecho. Entonces, lo leo en voz alta diez veces. Para la quinta, algo adentro comienza a cambiar. Estoy grabando estas palabras en mi mente.

Leeré esto en voz alta cada mañana, luego lo viviré. Y si tropiezo durante el día, lo volveré a leer en voz alta con una intensidad feroz. Porque eso es lo que merece esta promesa. Porque eso es lo que merezco.

LXIX

El dolor es como una catapulta, me lanza. La dirección en la que me lleva, esa es mi elección. Pero al igual que un proyectil, llegará un momento en el que me quedaré sin energía y reduciré la velocidad. El dolor sólo puede llevarme tan lejos.

Necesito algo que me atraiga, no que me empuje. Y mientras le dé lo que tengo, me retribuirá. Eso es una promesa.

Una promesa a uno mismo es un acto puro y sagrado. Mientras miro la mía, con el bolígrafo todavía en la página, siento que he dejado una marca en el Universo. Esto es poder.

LXX

Menos de media hora después de declarar mi promesa, ella me llama. Se dice mucho sobre el amor en ambos lados. Lloro. Pero nada ha cambiado. Ella está donde está y yo estoy donde estoy.

Después de que termina la llamada, miro mi promesa. Algo me está molestando.

Ella me dijo:

—Creo que me amas más que yo a ti.

Esa declaración resuena en mi mente hasta que estoy disgustado conmigo mismo. Necesito ponerme primero. Esa promesa se asegurará de que lo haga.

Voy y tomo una larga ducha fría. Cuando regreso a la sala de estar, miro la oscuridad más allá de las ventanas, y luego me arrodillo. No soy exactamente la clase de tipo que ora, pero aquí estoy.

—Dios —digo—, Más Grande Que Yo, vida... Necesito entregarte esto.

Me detengo por un momento, buscando en el fondo de mi ser. Lo que surge me sorprende un poco, pero el corazón es lo que es. «Mi deseo es que ella y yo estemos juntos, alegremente. Y tengamos una hermosa vida juntos. Eso es lo que quiero. Y te lo entrego a ti».

Así es que lo hago. Y un peso se levanta de mis hombros. Cualquiera que sea el resultado de esto, estoy de acuerdo. A partir de este momento, sólo tendré un enfoque: mantener mi promesa.

LXXI

El año pasado, una empresa que estaba aconsejando se vendió. Les había dicho a los fundadores que esperaran. Finalmente tenían tracción en el mercado y sus ingresos aumentaban mes tras mes. Simplemente tenían que seguir haciendo lo que hacían y construirían una compañía para toda la vida. En el peor de los casos, podrían vender por mucho más que la oferta actual.

Pero vendieron. Meses después, el CEO me llamó y dijo que tenía razón. No hay nada malo en vender y sacar efectivo de la mesa, todos ganaron dinero, pero esto muestra la diferencia entre lo bueno y lo genial.

Lo bueno cobra cuando las cosas son aceptables. Lo genial es paciente y disciplinado. No se conforma con aceptable y sigue adelante con plena potencia. El mundo de los emprendimientos está lleno de tales ejemplos, individuos que comienzan desde cero y construyen compañías masivas. Todos tienen una cosa en común: fundadores con visión.

Esta mañana, mientras leo mi promesa en voz alta, me doy cuenta de que una promesa también es una visión. No hay negociaciones con una promesa, lo apuestas todo. Y si caes, te da algo por lo que levantarte. Te paras y te desempolvas, luego regresas a ella. Tu promesa te lleva a la grandeza.

LXXII

Renunciar no significa rendirse. Sólo estoy entregando el peso de mis deseos a algo Más Grande Que Yo. Y notablemente, el acto mismo resuelve esa necesidad que se siente en el interior.

Una mariposa agita sus alas en una selva tropical, lo que resulta en un tsunami al otro lado del mundo. La vida es mucho más extensa de lo que mi mente puede comprender. Debo confiar en esto. Me proveerá en formas más grandes de lo que podría haber imaginado.

LXXIII

Camino hacia donde hice el ejercicio de perdón. Es un atardecer nublado, el estacionamiento aún está húmedo por la lluvia de la tarde y el sol ya se ha puesto. Hago mis carreras cortas. En mi tiempo de descanso, repito sucesiones de respiraciones de amarme.

Una vez que he terminado, me siento en la pared de la marea alta y escucho las olas chocar con las rocas de abajo. No hay señales de lo que dejé ir hace sólo unos días. La vida me lo quitó. Pienso en otras cosas que me recrimino, y abro las palmas y siento que caen. Todo tan simple.

La tarde se oscurece. Los corredores pasan con linternas. Cuando pienso en ella y surge el extrañar, abro las palmas de nuevo, de par en par, y lo entrego a Más Grande Que Yo. Mucho mejor que la charla innecesaria en mi cabeza.

Pienso en la cita de Wayne Dyer y me río, diciéndome: «Con mi suerte, la magia llegará más rápido de lo que imaginaba». Se siente bien pensar esto. Se siente real.

¿Y por qué no? Lo que creo es el filtro por el que brilla la vida. Depende de mí elegir uno que me haga sonreír de adentro hacia afuera.

LXXIV

Un amigo me envía un mensaje. Es un expatriado que vive en Bali.

—Mi novia tiene un terapeuta Theta sanador —dice—. Ella dice que es increíble. Me gustaría regalarte una sesión.

No tengo idea de qué es Theta, pero no me importa. Cuando la vida envía un regalo, lo aceptas.

—Es muy poco convencional —dice. ¿No te importa?

Pasé suficiente tiempo en el norte de California. Bienvenido lo alternativo.

Lo siguiente que sé es que estoy en una sesión de Skype con una mujer sueca rubia llamada Erika en Ubud. Ella tiene una presencia centrada, es cálida y cariñosa. Es como si ella brillara.

De acuerdo, en el peor de los casos, tengo una charla con una persona agradable y radiante.

Ella me guía a través de su proceso, haciendo una serie de preguntas sobre mis creencias, y surge algo.

—Siempre me dejan —me encuentro diciendo—. Cada vez que amo a una mujer profundamente, ella me deja.

No puedo creer lo que está saliendo, pero encaja. Éste ha sido un patrón hasta donde puedo recordar.

—Y a ella —le digo—. La amaba. Era real en todos los sentidos. Y ella me amaba. Habría apostado todo a que esto no sucedería.

Le cuento a Erika sobre el tiempo que mi madre se fue cuando yo era niño. Las palizas de mi padre habían empeorado y ella no podía soportarlo más. Lo que se sentía no poder tocarla. Pero esto era algo que pensé que ya había resuelto.

Además, mi madre regresó, ¿por qué este patrón?

Erika me guía a través de otros puntos de mi vida. Mi padre, el abusador, las primeras relaciones, y en todas ellas, esa misma creencia se endureció más.

Quiero vomitar. Si ese es mi filtro, ¿te sorprende cómo se desarrolló mi vida?

—Estoy tan cansado de esto —le digo.

—Bien —dice ella, sonriendo—: es tiempo de dejarlo ir.

Ella hace su trabajo Theta, y sabes qué, realmente siento que lo libero. Simplemente se va. Puf. Después, trabajamos en una nueva creencia. Pienso en mi lista y decido sobre esto: soy un hombre magnífico y la mujer que amo me ama profundamente y se queda conmigo y tenemos una vida fantástica juntos.

Entonces, hablo de ella. A pesar de todo esto, a través de todo el dejar ir, todavía la amo.

—Dijo que está pasando por algo —le digo—. Que no se trata de mí.

Erika cierra los ojos, permanece callada durante mucho tiempo.

—Entonces, créele —dice finalmente.

Antes parecía imposible. Mis inseguridades estaban dirigiendo el espectáculo. Pero amarme las ha debilitado.

—Está bien —asiento—: y la amo, pase lo que pase. Debo dejar que mi corazón sea lo que es.

Un par de días después, mi amigo me envía un mensaje: «mi novia se topó con Erika en el supermercado y Erika dijo que la inspiraste».

Lo tomo y lo creo. El viejo «yo» que solía minimizar los cumplidos se ha ido. Acepto los regalos que ofrece la vida. Luego, saco mi lista y lo agrego: inspiro a los curanderos.

LXXV

Es de noche. Estoy acurrucado en el sofá, mirando las gotas de lluvia debajo de las farolas. Un barco de contenedores se desliza silenciosamente a través de la bahía, cruza debajo del puente y se dirige al Pacífico abierto.

Hace casi un mes que no veo la televisión, no leo las noticias ni he visto lo que sucede en las redes sociales. Podría haberme perdido en todo tipo de distracciones. Pero en cambio, enfrenté el fuego y trabajé en mi mente y cuerpo. Le di todo a mi escritura, a crear algo especial a través de esta experiencia.

El hombre que atraviese esto será mucho mejor que el que entró.

Eso es amarme a mí mismo.

LXXVI

Otro día difícil. Extrañar se siente como un agujero enorme en mi pecho. Tomo un Uber para ver a Matt para un chequeo de seguimiento. El conductor no me mira directamente y luego me doy cuenta de que tiene marcas de quemaduras en la cara y en las manos.

Es una hora en coche y me da tiempo para perderme en mis pensamientos. Hago las diez respiraciones, pero más en modo de supervivencia. Cuando el auto baja por la autopista 280, miro las manos del conductor en el volante.

Todos tenemos cicatrices. Ya sea afuera o adentro, están ahí. Centrarme en las mías me mantiene en la oscuridad. Reconecta el cableado de viejos patrones. Pienso en Wayne Dyer sólo pensando en lo que quería crear. Eso es centrarse en la luz.

En la oficina de Matt, Lisa me saca sangre. Cuando termina, pone su mano sobre mi hombro y lo aprieta con fuerza. Por la forma en que sonríe, debe haber sentido que lo necesitaba.

La vida me está dando amor, siempre. Y lo acepto.

LXXVII

Seamos honestos. Hice las cosas por inercia un buen rato. Meditando sólo cuando era conveniente o cuando finalmente tenía tiempo para hacerlo. ¿Cuándo fue la última vez antes de la volteada de la alfombra que me amé constantemente?

La vida iba bien, me volví flojo, y luego tuve la lesión y me concentré en lo que estaba mal en lugar de lo que funcionó. ¿Que esperaba? La mente es plástica, no es diferente del cuerpo. Deja de hacer ejercicio por un año y vive de donas, mira lo que sucede.

Saqué provecho aceptable cuando debería haber seguido hasta genial. Debo asumir la responsabilidad de esto. Y me guste o no, me han despertado de un sacudón. Debo usar esto. Habrá días difíciles nuevamente, no puedo dejar que me regresen a donde estaba.

Ya hice mi promesa. Ya sé cómo aplicarla. El siguiente paso es crear una serie de rituales que me obliguen a hacerlo constantemente. Como cepillarme los dientes. Para que, sin importar las tormentas, siempre avance.

LXXVIII

Observa la mente de un hombre y tendrás una vista panorámica de su destino. Todo comienza desde adentro. Por lo tanto, es crucial crear hábitos de la mente.

Escribo lo que haré diariamente para mantener mi promesa. Al despertar, diez respiraciones. Luego, tomo café y leo la promesa en voz alta, luego medito. En la ducha, diez respiraciones. Cada vez que camino o estoy inactivo, diez respiraciones. En el gimnasio, descansando entre series, diez respiraciones. Antes de acostarme, mirándome a los ojos en el espejo digo: «Me amo» hasta que algo cambia dentro. En la cama, mientras me duermo, diez respiraciones.

¿Mucho para recordar? Realmente no. Aquí hay un patrón de intensidad después de despertarse y antes de dormir. Luego, durante el día, cada vez que la mente esté inactiva, diez respiraciones. Sencillo.

Esta es mi línea en la arena. El mínimo necesario para mantener mi promesa. Entonces, incluso si hay días difíciles, continuaré profundizando los surcos. Porque yo lo valgo.

LXXIX

Una vez leí un libro en el que el autor mencionaba que había podido obtener lo que quería usando afirmaciones. Cada día, escribía quince veces: «Yo, nombre, lo haré...». Y luego declaraba lo que quería. Era un tipo extremadamente racional, intentó esto por curiosidad, y una vez que funcionó, simplemente lo usó.

No tenía nada que vender. De esto no se trataba el libro, de hecho, era casi una idea secundaria. Era tímido al respecto, más que nada lo compartía porque, bueno, una vez que descubres una verdad que funciona, eso es lo que debes hacer.

Intentó racionalizarlo, diciendo que las afirmaciones enfocan la mente en lo que debería prestarle atención. Una explicación razonable. Pero también dijo que muchas cosas para las que usaba esto estaban fuera de su control y, sin embargo, llegaron.

Lo conocí y, durante la cena y las bebidas, le pregunté al respecto. «Todo cierto», dijo. En persona, no dio racionalización. Había llegado a creer que aprovecharon un tejido de la realidad que no podía explicarse.

Tiene sentido. Podemos racionalizar nuestras vidas, pero en el fondo anhelamos lo que es más grande. Para fluir con eso. Y cuando encontramos una manera de hacerlo, incluso si nunca lo compartimos por miedo al ridículo, nos consuela. No hay ateos en las trincheras bajo fuertes bombardeos.

Entonces, toda esta repetición de amarme a mí mismo, ¿es sólo una afirmación? Tal vez. ¿Es un nuevo cableado de las vías neuronales en mi cerebro? Después de todo, es bien sabido que las neuronas que se disparan juntas se conectan. Cuanto más disparas y las conectas, más fuerte es el camino y más se dispara por sí solo. Seguro. Explicación razonable.

¿Pero esto explica los cambios que están sucediendo en mi vida? ¿Aparecieron oportunidades, cosas que no sabía cómo hacer que sucedan naturalmente por su cuenta? Tal vez. Podría tomar cada una, desglosarla y racionalizarla.

¿Pero eso me sirve? Mi creencia es la lupa por la que brilla la vida.

Los mapas y creencias de la humanidad están disponibles para mí. Debo elegir aquello con lo que siento afinidad, y luego darlo todo. La vida me recompensa cuando me pongo de pie, cuando digo: «Esto es en lo que creo y lo viviré plenamente».

No cuando sigo por inercia. Esa es una verdad que he aprendido.

LXXX

Llegué al gimnasio. Ya estoy en la mejor forma que he estado en años. Mi dieta es perfecta, sin excepciones. Cada vez que tengo la tentación de hacer trampa o resbalarme, me pregunto: «Si me amara, ¿qué haría?». La respuesta es clara y la vivo.

Cada vez que vivo la respuesta, refuerzo el camino de tomar decisiones amorosas por mí mismo. Solía hacer esto antes, pero estoy en un nivel completamente diferente. Eso es lo que sucede cuando haces todo lo posible para mantener tu promesa.

Observa tu mente alguna vez y te darás cuenta de que siempre estás respondiendo preguntas. El miedo es una respuesta a lo que podría salir mal. El dolor es una respuesta a lo que falta. Te darás cuenta rápidamente de que la mente naturalmente va por lo negativo, no por la luz.

Por lo tanto, debes hacerte conscientemente preguntas poderosas. Lo que resulta en que tomes decisiones amorosas por ti mismo. Haz esto por un tiempo y tendrás que preguntar menos. Vivir las respuestas se habrá convertido en un hábito.

LXXXI

Hace años, durante la cena, una amiga me dijo que había muerto y que la trajeron de vuelta. Clínicamente muerta durante ocho minutos, realmente. Tuve que preguntar.

—¿Pasó algo... mientras estabas, sabes?

Ella negó con la cabeza. Ella no recordaba nada. Luego, miró a su alrededor, bajó el tenedor y susurró:

—¿Y si esto es el cielo?

Ella se echó hacia atrás y me miró.

—Morí —dijo—. ¿Cómo sé que éste no es el otro lado?

Fue uno de esos momentos donde el tiempo se detuvo. Sentí que alguien me había golpeado en la cabeza. Ninguno de los dos habló por un rato.

—Así es como vivo —dijo finalmente—. Como si fuera el cielo.

Una gran creencia.

LXXXII

Paso por el consultorio de Matt. Está fuera de la ciudad, pero estoy recibiendo una inyección intravenosa con vitaminas y todo tipo de cosas buenas. ¿Por qué? El cuidado personal es amarte a ti mismo.

Lisa entra en la habitación para ponerme la intravenosa.

—Oh, ésas son tan bonitas —dice ella, mirando las flores junto a la ventana.

Ella esponja una almohadilla térmica, la coloca debajo de mis brazos, luego inserta suavemente la aguja en mi mano. Ella me dice que hizo Zumba esta mañana, lo que la hizo sentir bien todo el día.

Entonces su cara se suaviza. Su hijo solía hacer ejercicio en ese gimnasio. A veces, cuando tomaba clases, lo veía hacer ejercicio a través de la pared de vidrio.

—La gente dice que debería dejarlo ir un poco —dice ella—. Tengo fotos de él en todas partes, en mi teléfono. Pero no quiero hacerlo. Él es parte de mí.

Ella sujeta el tubo a la aguja, pone el líquido en marcha y luego envuelve mi mano con un vendaje rojo. Una vez terminado, ella suspira.

—Pero supongo que debería...

¿Diría ella que esto era el cielo? No pregunto.

Aquí está, todavía apreciando momentos de belleza en el día, sonriendo a sus pacientes, cuidándolos de una manera amable y amorosa. Creando pequeñas rebanadas de cielo con su presencia.

—Casi me hice un tatuaje esta semana —dice ella—. No sucedió, pero lo haré. ¿Qué te parece: nombre en mi muñeca o un pájaro?

—Pájaro —le digo—. Un símbolo es mejor.

Le cuento sobre mi símbolo favorito, la flor de loto. Levantándose por el lodo, abriéndose a la luz.

Ella sonríe.

—Símbolo entonces.

Ella recoge el material desechable y se va. Pienso en mi símbolo nuevamente. Una flor de loto no se fuerza a abrir para recibir la luz, es al revés. La luz la abre.

Todo el trabajo que estoy haciendo para amarme, debe haber un nivel superior. Donde no hay esfuerzo, no hay lucha contra la resistencia. Sólo permitirme recibir el amor que siempre fue mío.

LXXXIII

Entonces lo hago. En la cama por la noche, repito las diez respiraciones hasta que me duermo. Pero esta vez, no hay forzamiento. Respiro más profundo, más lento, sintiendo el amor entrar. Sin resistencia, sólo recibiendo lo que es mío.

Me despierto sonriendo. Entonces, inmediatamente me vuelvo a las diez respiraciones. Recibiendo mi amor, recibiendo la luz.

LXXXIV

¿Por qué diez respiraciones? Porque es fácil de recordar. Lo suficientemente grande como para causar un ligero cambio cada vez. Lo suficientemente pequeño como para evitar cualquier excusa.

Lo más importante, te mantiene constante con tu compromiso de amarte a ti mismo. Pero esto no significa que hagas unas diez respiraciones al día y que estés listo para irte. Es el mínimo indispensable. Cuanto más das de ti mismo, más recibes.

De hecho, haz estiramientos de diez minutos con diez respiraciones sin parar. Reemplaza algo que habría ocupado tu tiempo pero que no habría contribuido a tu bienestar. Es tu curación. Es tu vida. Date la atención que te mereces.

LXXXV

La noche es perfecta para los tramos de diez minutos de diez respiraciones. Estoy en la cama, terminando el día, así que es más fácil poner el amor en mi subconsciencia. Puse un temporizador. Luego, con cada inhalación, expando mi pecho y dejo entrar el amor y la luz. Cuando exhalo, dejo ir todo lo que sale. Es todo.

A veces, repito «Me amo» con la respiración. A veces no. Pero con cada una, me permito sentirlo. Esa es la parte más importante. Sensación.

Esta también es una excelente manera de eliminar la suciedad y la carga emocional acumulada durante el día. Es mejor dejarlo aquí que cargar con el peso hasta mañana.

LXXXVI

En dos días, viajaré a Nueva York. Me imagino el departamento en el que entraré, sin sus cosas. Los armarios vacíos. Me pregunto cómo se sentirá, pero quién sabe. Todo lo que sé es que pase lo que pase, soy un hombre magnífico que comenzó a amarse a sí mismo nuevamente.

Ese será otro punto de partida. Me amaré ferozmente desde allí.

LXXXVII

Paso nuevamente por el consultorio de Matt. Viajo mañana por la mañana. Cuando veo a Lisa, le doy el regalo que traje. Es un dispositivo ligero que compré recientemente para estimular la producción de vitamina D. La semana pasada, mencionó que había tomado prestada una unidad y que la hacía sentir bien y que estaba ahorrando para comprar una.

—¿Estás seguro? —dice ella, casi abrazándolo—. ¿No puedo pagarte algo?

—Es un regalo —le digo—. El objetivo es aceptarlo.

—Es más fácil para mí dar. No recibir.

—Por eso deberías recibir aún más.

Estoy siendo yo mismo otra vez. Sonriendo más. Dando. Soy mejor en muchos aspectos que hace sólo un mes. Todavía me duele el corazón, pero un corazón que ama profundamente sentirá en ambos sentidos. También hay una belleza en eso.

Todavía estoy en las primeras etapas, lo sé. Cuanto más me quiero, más se acumulan los efectos. Pero, aun así, ¿podría mi progreso haber sido más rápido?

Honestamente, sí. Debería haber seguido mi propio consejo. Me habría llevado a perdonarme y hacer mi promesa de inmediato. Hay algo especial en esos actos. La vida cambia a tu favor en el momento en que los haces.

Pero me seguí por inercia demasiado tiempo. No me sorprende que me haya quedado atrapado en mi cabeza, en lo que había salido mal, en lugar de lo que sabía hacer. La mente es complicada de esa manera. Si por ella fuera, pondría lo que más necesitamos al final.

Está bien. También me perdono por eso. Eso es amarme a mí mismo.

LXXXVIII

Entonces, ¿cómo funciona todo esto? ¿Decides amarte y luego llueven boletos de lotería ganadores y nunca tienes otra preocupación en el mundo? Es más hermoso y matizado que eso. Las cosas comienzan a funcionar.

Experiencias y recursos fuera de tu alcance te encontrarán. Lo he visto suceder una y otra vez.

Pero tienes que estar a la altura de ellos. Tienes que ir a donde te lleven. Y si alguna vez estás confundido acerca de qué hacer, sólo pregunte si estás tomando medidas por amor o miedo. Hazlo por amor, siempre.

Otra cosa que sucede es que obtienes empujones internos. A menudo en meditación. Cosas que hacer, personas a las que llegar, qué decir. Escucha esto. Esta es la vida que te guía.

También te vuelves honesto y real en tus interacciones. Tu mente es demasiado importante para distraerse con conversaciones llenas de nada. Te encuentras expresando cosas que pensaste durante años pero que retenías, temeroso de cómo el otro podría tomarlo. Haces esto con amabilidad. No te sorprendas si a veces creas conflictos. Pero curiosamente, eleva tus relaciones a un nivel completamente diferente.

Junto con esta realidad viene un mayor discernimiento sobre a quién permites entrar en tu vida. Tienes claras sus intenciones. Sin justificaciones, sin proyecciones. Cero excusas. Porque con el tiempo, esas intenciones te alcanzarán. Tu vida es demasiado importante para las malas intenciones.

Muchos de tus miedos disminuyen naturalmente. Después de todo, son sólo viejos circuitos mentales. Empiezas a ver a través de las serpientes alucinadas. Y cuando te confundes, te preguntas si el pensamiento surgió del amor o el miedo. Eso lo resuelve.

El mayor cambio: comienzas a soltar. Lo que tenías contra ti mismo, lo que tenías contra los demás. La culpa, la vergüenza, el dolor. El sufrimiento innecesario. A medida que sueltas peso, te das cuenta de la verdad: ilusiones de la mente, todo. Lo que queda eres tú, renacido, dándote amor. Vives desde este lugar.

Por último, te encuentras teniendo momentos de gratitud. A veces surgen de la nada. A veces por la forma en que la vida se desarrolla para ti.

¿Logras la perfección? No si eres humano. Pero eres mucho mejor que antes. ¿Cómo lo sabes con seguridad? Simple, sólo observa tus pensamientos. Y dado que tus pensamientos determinan tu destino, tu realidad cambia para reflejarlos.

Hipócrates dijo: que la comida sea tu medicina y la medicina sea tu comida. Ajústalo a esto: deja que los pensamientos sean tu medicina y la medicina sea tus pensamientos.

LXXXIX

Si tuviera que simplificar esto para ti, ¿qué diría?

Yo diría: no esperes hasta que lo necesites. Comienza en este mismo momento. Entrégalo todo a amarte a ti mismo.

Primero, perdónate. Esto limpia la pizarra. Luego, haz la promesa. Es una declaración para ti y para la vida sobre quién serás. El acto en sí es un momento decisivo. Luego, haz todo lo necesario para cumplirla. Apuesta al amor, y la vida redoblará al apuesta.

También diría: no caigas en la inercia. No importa lo bien que estés, no importa qué excusas cree la mente, no caigas en la inercia. Entrégalo todo una y otra vez.

Entonces, diría una cosa más: comparte lo que aprendes de esto. Al compartir tu experiencia, tú eres mejor y el mundo es mejor. Es así de simple.

XC

Mañana lluviosa en San Francisco. Maletas empacadas, el lugar limpio. Es hora de ir al aeropuerto. Lleno mi taza con agua y camino hacia las plantas por última vez. Lo que veo me hace sonreír. En la grande, entre las ramas de aspecto muerto, se elevan dos hermosas hojas de color verde brillante. Ambos desde el mismo lugar, como el desarrollo de un corazón.

Me quedo allí un rato, admirándolas. Cuando das amor, la vida vuelve.

DE KAMAL

Si este libro te resultó útil, haz una reseña y compártelo. Eso lo ayuda a encontrar el camino hacia aquellos que lo necesitan. Significaría mucho para mí. Gracias.

Y no dudes en enviarme un correo electrónico a k@founderzen.com.